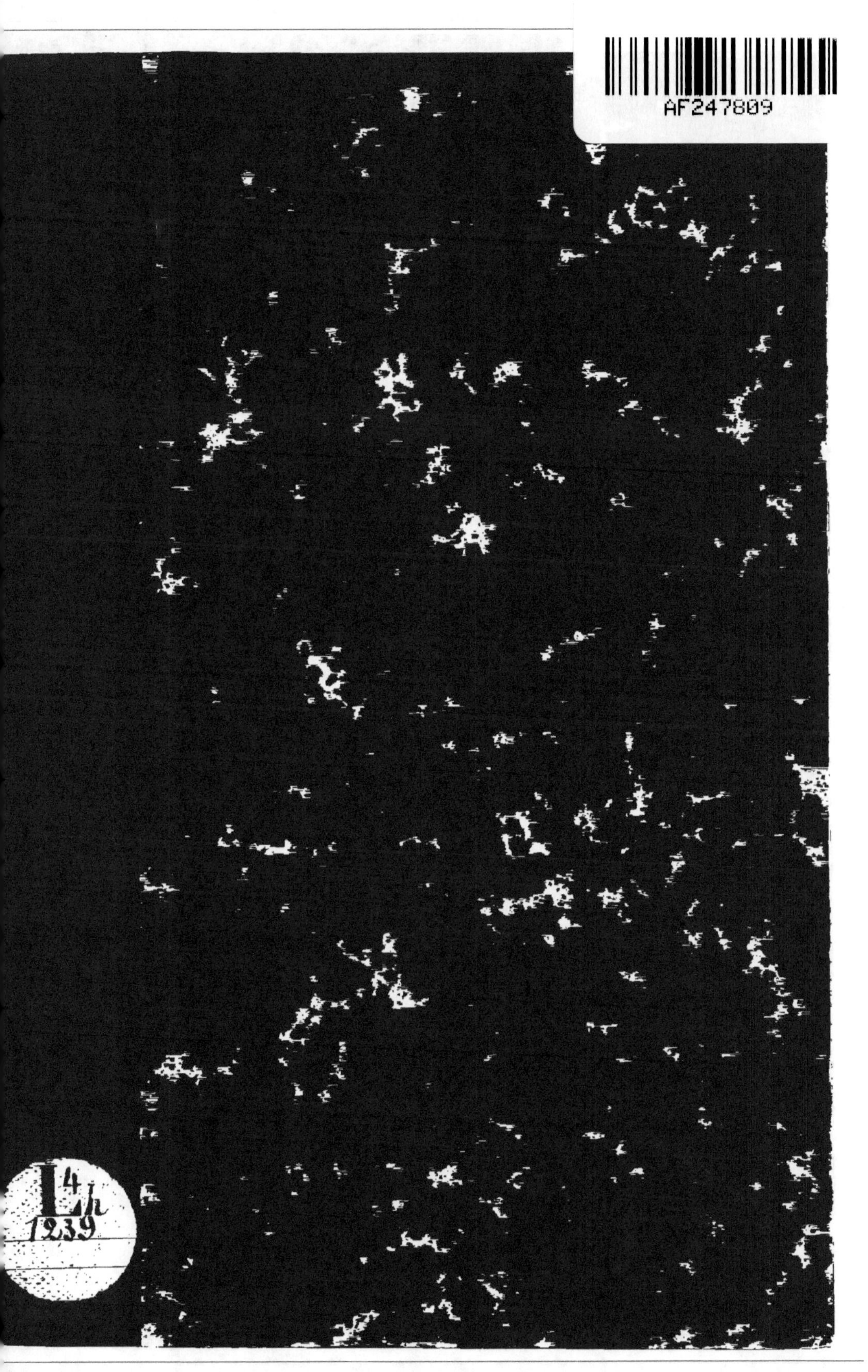
AF247809
14h
1939

PROVINS
PENDANT LA GUERRE.

PETIT CALENDRIER HISTORIQUE

Par Auguste LENOIR.

EXTRAIT DU JOURNAL DE PROVINS.

Provins,

IMPRIMERIE LE HERICHÉ.

1873.

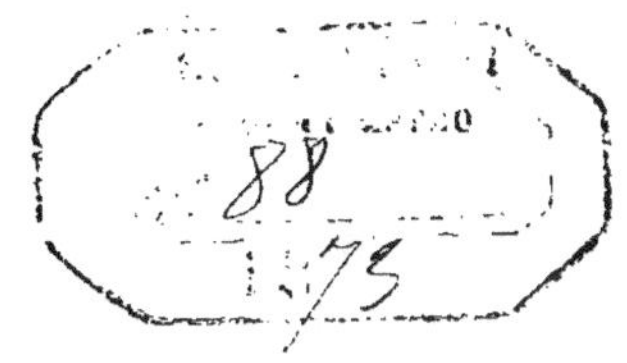

PROVINS
PENDANT LA GUERRE.

PETIT CALENDRIER HISTORIQUE
Par Auguste LENOIR.

EXTRAIT DU JOURNAL DE PROVINS.

Plusieurs de nos concitoyens nous ayant manifesté le désir de garder sous une forme concise le résumé chronologique des faits accomplis pendant la guerre, à Provins, nous avons rédigé le petit calendrier historique que nous publions aujourd'hui. C'est en quelque sorte le sommaire des chapitres d'une histoire de notre pays, pendant cette lamentable période, sans réflexions d'aucune sorte, et avec l'inévitable sécheresse que comporte toute chronologie.

L'histoire locale ne saurait être écrite au lendemain même des évènements, avec l'impartialité et la sincérité nécessaires. Si nous vivons dans un temps où l'on peut penser librement, il ne serait peut-être pas sans danger, et en tout cas sans ennuis pour l'auteur et l'éditeur, de dire tout ce qu'on a pensé. On se défie souvent de l'écrivain qui loue et l'on écoute toujours celui qui attaque, car la flatterie est entachée de servilisme, et la malignité peut passer pour de l'indépendance. Cette remarque n'est pas d'hier : nous l'avons trouvée dans Tacite, au premier livre des *Histoires*.

Notre petite chronologie provinoise commence au 1ᵉʳ août 1870, et finit au 31 juillet 1871, comprenant ainsi cette année si fertile en désastres, année de larmes et de sang, dont il faut garder la mémoire, pour en transmettre à nos enfants les terribles enseignements !

Mois d'août.

1ᵉʳ *août* 1870. — Les jeunes gens qui doivent composer les cadres du bataillon de la garde mobile, arrivent à Provins et sont installés au quartier de cavalerie, lequel n'est occupé que par le dépôt du 5ᵐᵉ lanciers.

4 *août*. — Première réunion de notables, à l'hôtel-de-ville de Provins, pour l'organisation d'un comité de secours aux blessés des armées françaises.

6 *août*. — La nouvelle du premier de nos désastres, à Wissembourg, arrive à Provins et y cause une douloureuse émotion.

7 *août*. — Élections des conseils municipaux.
Les nouvelles les plus tristes et les plus inquiétantes se succèdent toute la journée.
Les chambres sont convoquées pour le 11 août.

9 *août*. — Proclamation, à Provins, de l'état de siége qui vient d'être décrété pour toute l'étendue de la 1ʳᵉ division militaire.

10 *août*. — On connaît le soir la Loi votée par le Corps législatif et qui appelle sous les drapeaux tous les citoyens non mariés ou veufs sans enfants, de 25 ans à 35 ans. On connaît aussi la chute du ministère Ollivier et la composition du ministère Palikao.

12 *août*. — Le sous-Préfet de Provins reçoit par dépêche l'ordre de convoquer immédiatement tous les mobiles de l'arrondissement.
On publie un avis relatif à l'installation d'une am-

bulance à l'ancien hôtel de l'Ecu, près du pont de Changis.

15 *août*. — La cérémonie religieuse du 15 août n'a pas, cette année, le caractère officiel qu'elle avait les années précédentes. La municipalité n'y assiste pas. Après la messe, prières pour la France.

16 *août*. — L'administration des Forêts expédie à Paris, pour la défense de la capitale, un assez grand nombre de chênes coupés dans la forêt de Jouy.

Arrivée des mobiles de l'arrondissement qui doivent composer, avec ceux des cantons de Rebais et de La Ferté-Gaucher, le bataillon de Provins.

Dès le lendemain commencent les exercices.

21 *août*. — Incendie dans les bâtiments de la ferme exploitée par M. Calixte Leclert.

Irritation dans les rangs de la garde mobile, causée par les exemptions prononcées à Melun, par l'autorité préfectorale. Tous les exemptés sont rappelés, et ce sont les gardes mobiles qui désignent eux-mêmes ceux de leurs camarades qui devront être renvoyés dans leurs foyers, comme soutiens de famille.

23 *août*. — Ouverture de l'emprunt national de 750 millions. Provins achète à lui seul pour 48,000 fr. de rentes.

24 *août*. — Première séance du conseil de recensement de la garde nationale de Provins.

25 *août*. — Le comité de défense de Paris envoie dans les campagnes des instructions portant que toutes les récoltes : blé, avoines, fourrages, qui n'auraient pu être emmagasinées à Paris, seront brûlées par ordre supérieur, pour ne pas servir à l'alimentation de l'ennemi.

Cette mesure radicale du comité de défense a jeté l'alarme dans les populations rurales.

26 *août*. — On apprend à Provins que les communications télégraphiques entre Troyes et Nogent viennent d'être rompues. L'ennemi est signalé à Payns.

Le conseil municipal de Provins prend une délibération énergique à l'égard des absents.

Le pont de Bernières, sur le chemin de fer, a **sauté**, et Flamboin devient tête de ligne.

27 *août*. — D'après les ordres reçus la **veille**, deux compagnies de mobiles, la 3ᵉ et la 6ᵉ, quittent Provins le matin, et se dirigent par la voie ferrée sur Montereau.

Le reste du bataillon reçoit l'ordre d'évacuer également Provins et de se diriger sur Nangis.

Dans la matinée, le bruit court que les Prussiens arrivent à Nogent, par Romilly. Ce bruit faux détermine une panique effroyable, et le train de 1 h. 30 est encombré de fuyards. Le soir et toute la nuit, les Provinois ont caché, dans les souterrains de la ville haute, d'énormes quantités de linge, des provisions, du mobilier, etc.

28 *août*. — Départ à 2 heures, du dépôt du 5ᵉ régiment de lanciers. Le dépôt, commandé par M. de Saint-Germain, va à Poitiers.

Toutes les routes se couvrent de voitures de fuyards. Les populations de la Champagne fuient épouvantées devant l'ennemi. Ces tableaux navrants de l'émigration, qui se succèdent d'heure en heure, jettent la consternation et l'effroi dans le pays.

Election des officiers du bataillon de la garde nationale.

29 *août*. — Provins devient tête de ligne du chemin de fer de l'Est.

M. de la Rue, inspecteur des forêts de la couronne, est arrivé à Provins avec 11 gardes-forestiers, pour installer, sur les confins de notre arrondissement, des postes avancés destinés à renseigner l'autorité militaire sur l'approche de l'ennemi.

30 *août*. — L'ordre arrive d'évacuer sur Paris les fourrages du magasin militaire de Provins. Cet ordre n'a pu recevoir qu'un commencement d'exécution.

Election du chef de bataillon de la garde nationale de Provins. M. de Salvert recueille la presque unanimité des suffrages.

Mois de Septembre.

1ᵉʳ *septembre* 1870. — Distribution de fusils à piston à la garde nationale de Provins.

2 *septembre*. — Revue de la garde nationale par

M. le général de Pointe et M. de Saint-Pulgent, préfet de Seine-et-Marne.

4 septembre. — La nouvelle du désastre de Sedan est connue à Provins le matin.

L'autorité militaire fait abattre des arbres sur la grande route de Paris à Bâle, pour entraver la marche de l'ennemi. On a également dépavé plusieurs portions de cette route, entre Nangis et Provins et au-delà de Sourdun.

La République est proclamée à 9 heures du soir par M. Le Bailly, maire de Provins, sur le perron de l'hôtel-de-ville.

Dans la nuit, un arbre de la liberté est planté sur la place du Val.

7 septembre. — Le *Journal officiel* annonce que M. Hippolyte Rousseau est nommé préfet de Seine-et-Marne.

8 septembre. — Le conseil de révision vient à Provins pour le recrutement de la classe de 1870 (cantons de Provins et de Villiers-Saint-Georges).

10 septembre.— Le poste de gardes forestiers installé à Montceaux-les-Provins, se replie sur Villiers-Saint-Georges, signalant l'approche de l'ennemi.

M. Breton, procureur de la République à Provins, échappe par hasard à un parti de uhlans à Bouchy-le-Repos.

Le personnel de la gare de Provins se replie, le soir, sur Nangis, qui devient tête de ligne.

11 septembre. — Le tunnel de Saint-Loup a sauté ce matin. Le passage est rendu tout-à-fait impossible, entre Longueville et Maison-Rouge.

La gendarmerie de Provins reçoit l'ordre de se replier sur Tournan.

Les éclaireurs de l'ennemi s'avancent dans l'après-midi jusqu'à Villiers-Saint-Georges et Sancy, et retournent dans la direction d'Esternay.

En apprenant cette nouvelle, les trois quarts des gardes nationaux de Provins reportent à l'hôtel-de-ville les fusils à piston qu'on leur a remis le 1er septembre.

12 septembre. — Le nord de l'arrondissement est envahi. Villiers-Saint-Georges, Montceaux-les-Provins, Sancy, Cerneux, etc. sont occupés par la cavalerie et l'infanterie ennemies. On évalue à 15,000 hommes l'importance de ces premières troupes.

A Provins, 18 uhlans sont venus de Villiers-St-Georges réquisitionner des cigares. Deux des cavaliers sont allés à la gare s'assurer que le chemin de fer ne fonctionnait plus.

L'arche en fonte du pont de Bray a sauté à midi et demi, et le pont de Latombe à 6 heures du soir.

13 *septembre*. — Le 2e régiment de uhlans bavarois, venant de Villenauxe, traverse Provins, sans s'arrêter, et va camper à Courtevroust, à Vieux-Champagne et à Maison-Rouge.

Pendant cette journée et les jours suivants, la route de Sézanne à Paris voit défiler tout un corps d'armée considérable qu'on évalue à plus de 60,000 hommes. Tous les villages et les hameaux avoisinant la route sont écrasés de réquisitions. Le maire de Beton-Bazoches, M. Deroy, et celui de Montceaux-les-Provins, M. Mirveaux, ont été maltraités par les Prussiens, pour n'avoir pas livré les fusils des gardes nationaux qui avaient été cachés. Le dernier a été condamné à mort, emmené par l'ennemi, les membres liés comme un malfaiteur, et abandonné ensuite dans un fossé de la route.

Le soir, un détachement de chasseurs à pied bavarois cantonnés à Courchamp, est venu demander au maire de Provins des renseignements sur le passage des uhlans qui ont traversé Provins dans la matinée.

14 *septembre*. — Le pont de Noyen saute à 7 heures du matin.

Des détachements de cavalerie et d'infanterie viennent de Chenoise et de Courchamp, réquisitionner des vivres à Provins.

15 *septembre*. — Passage à Provins du prince Albrech, frère du Roi de Prusse, avec de nombreuses troupes : dragons du Rhin, hussards de la mort, artillerie, fourgons, etc. Le prince qui venait de Villenauxe-la-Grande, a logé chez M. Arnoul, et est reparti le lendemain pour Fontainebleau, par Nangis. Parmi les officiers qui composaient son état-major se trouvaient le duc d'Oldenbourg et le général de Trescow.

Dans la liste des réquisitions faites le 15 septembre, figure celle de pantalons, blouses, casquettes, etc. Une dépêche *confidentielle* du Procureur de la République, relative à ces réquisitions dont on devine le but, est reproduite tout au long dans le *Figaro* du 18 septembre.

Le même jour, un parti de uhlans qui avait traversé la Seine à gué, entre Nogent et Bray, n'ose pénétrer dans cette dernière ville, à cause de l'attitude menaçante de la population. Les uhlans s'éloignent et se dirigent par les hauteurs de Courlon et de Vinneuf, sur Latombe, où ils repassent de nouveau la Seine à gué. Ils s'arrêtent à la ferme de la Muette, près de Marolles, où ils sont bientôt cernés par des gardes nationaux, ayant à leur tête le curé de Vinneuf. L'officier qui commandait le détachement est blessé au moment où il cherchait à s'enfuir, et il est dirigé sur l'Yonne, avec 13 autres cavaliers faits prisonniers comme lui.

La conduite énergique de M. le curé de Vinneuf lui valut plus tard la croix de la Légion d'honneur.

16 septembre. — Un détachement de 36 fantassins bavarois venant d'Epernay, arrive à Provins où il passe la nuit. Il part le lendemain et s'empare, près de Provins, de deux chevaux attelés à la charrue d'un cultivateur de la ville haute.

Le Montois est envahi. Un détachement de cavalerie ennemie parcourt les communes nord du canton de Donnemarie et brise les armes de la garde nationale. Le maire de Donnemarie et le juge de paix sont emmenés par les Prussiens jusqu'à Nangis et relâchés le lendemain.

17 septembre. — On arrête à Provins le nommé Picard, braconnier accusé d'avoir eu, le 12 septembre, des intelligences coupables avec les Prussiens. Picard, jugé par la cour martiale de Nevers et condamné à mort, a été exécuté le 20 novembre.

19 septembre. — Nouvelles réquisitions de vivres par des détachements ennemis, pour des troupes considérables arrivées aujourd'hui à Chenoise et dans les environs.

Des mesures, dues à l'initiative de quelques conseillers municipaux, sont prises pour assurer de l'ouvrage aux ouvriers de Provins qui commencent à en manquer. Les travaux de rectification de la rampe de Bellevue et ceux de la démolition et de la reconstruction de la maison d'école vont être entrepris à cet effet très-prochainement.

Un service de guetteurs, avec lunettes d'approche, est installé à la lanterne du dôme de Saint-Quiriace.

On entend très distinctement le canon pour la première fois, dans la direction de Paris.

22 septembre. — Le conseil d'hygiène se réunit à Provins, pour prendre des mesures contre le typhus des bêtes à cornes, qui s'est manifesté dans quelques localités traversées par l'armée prussienne.

23 septembre. — 12 fantassins prussiens, sans armes, traversent Provins dans la matinée et prennent la route de Villenauxe-la-Grande. Avertie par le télégraphe, l'autorité fait arrêter ces soldats par la gendarmerie, à leur arrivée à Villenauxe.

On parle de l'organisation d'une Société de francs-tireurs à Provins.

24 Septembre. — Le nord de l'arrondissement continue d'être occupé par l'ennemi, qui exerce des réquisitions très lourdes dans tous les villages.

Un décret contenu dans l'*Officiel* du 17 septembre, fixait les élections municipales au 25 septembre ; le 2e tour au mercredi suivant, les élections des maires par les conseils, au jeudi, et les élections à l'assemblée constituante, au 2 octobre.

Une dépêche reçue à 4 heures et rendant compte de l'insuccès de la démarche de Jules Favre, auprès de M. de Bismarck, ajourne toutes les élections.

MM. Lebœuf et Chamoin avaient seuls apposé sur les murs des affiches contenant leurs professions de foi.

Le soir, très-belle aurore boréale.

25 septembre. — La proclamation du préfet, faisant appel aux volontaires de Seine-et-Marne, est affichée sur les murs.

26 septembre. — Des francs-tireurs venus de Romilly attaquent une avant-garde ennemie à Villiers-Saint-Georges, tuent 5 hommes parmi lesquels se trouve le sous-officier qui commande le détachement, et en blessent plusieurs.

Les francs-tireurs emmènent, dans l'Aube, les blessés, les prisonniers et les chevaux.

Le typhus fait son apparition dans notre arrondissement, à la ferme de Fortail, commune de Beton-Bazoches. M. Mégret, fermier, fait abattre 26 vaches.

La garde nationale est convoquée au quartier, et un appel aux volontaires est fait dans ses rangs. Cet appel reste infructueux.

27 *Septembre*. — Les Prussiens arrêtés à Montceaux-les-Provins cernent le bourg de Villiers-St-Georges, aux habitants duquel l'ennemi prétend faire supporter la responsabilité des faits survenus la veille. Des perquisitions sont brutalement opérées dans toutes les maisons pour découvrir des armes cachées. Plusieurs habitants sont maltraités.

Un certain nombre de jeunes gens quittent le pays le soir même et s'engagent pour la durée de la guerre.

28 *septembre*. — L'annonce d'un détachement ennemi, escortant un convoi considérable, jette l'alarme à Nogent et dans les pays environnants. Le tocsin est sonné dans toutes les localités de la vallée de la Seine, et les populations valides, au nombre de plus de 10,000 hommes, se portent en armes à Nogent. Le convoi ennemi a pris, dit-on, une autre direction.

C'est la levée en masse qui tend à s'organiser.

29 *septembre*. — Villiers-St-Georges, Beauchery et Voulton sont de nouveau occupés par l'ennemi.

30 *septembre*. — Passage à Provins d'un corps nombreux de Bavarois venant de Villiers-St-Georges et de la Marne. Quelques actes de violence signalent l'arrivée de ces troupes. Plusieurs habitants sont maltraités. Un officier arrache violemment son écharpe au maire de Provins, et le major Curtius fait abattre et scier en deux l'arbre dit *de la Liberté*, planté le 5 septembre, sur la place du Val.

Le soir, le même major Curtius exige que deux conseillers municipaux aillent dans la nuit à Villenauxe-la-Grande, réclamer au maire les chevaux saisis et les prisonniers faits par les Francs-Tireurs dans l'affaire du 26 Septembre, à Villiers-Saint-Georges. MM. de Salvert et Charbaut sont désignés par le sort pour remplir cette mission désagréable.

Très-digne réponse de M. Chenuat.

Le corps ennemi prend le lendemain la route de Nangis.

Mois d'octobre.

1er *octobre*. — Le major Curtius, en quittant notre ville, vers midi, avait annoncé à quelques personnes qu'un armistice venait d'être conclu. C'était une fausse nouvelle. On connaît le jour même à Provins, par un n° du *Petit Moniteur universel*, le rapport de Jules Favre au gouvernement de la défense nationale, sur l'entrevue de Ferrières.

2 *octobre*. — On apprend le soir à Provins, par une lettre de M. Lesage, fermier de Marolles, à M. Lucien Gallot, qu'un convoi de 30 à 40 voitures, escorté de 52 prussiens, mal armés, paraissant n'appartenir à aucun corps régulier, vient d'arriver à Bois-Bourdin, ferme voisine de Marolles, située à l'ouest de Mortery, et qu'il se dispose à y passer la nuit.

Plusieurs de nos concitoyens organisent une expédition qui a pour but l'attaque de ce convoi. Des estafettes sont immédiatement envoyées, dans quelques communes environnantes, pour faire appel aux gardes nationaux armés.

On entend dans la nuit battre la *générale* à Sainte-Colombe.

A Provins, la petite expédition part à 10 h. 1/2.

3 *octobre*. — AFFAIRE DE BOIS-BOURDIN.

Le convoi ennemi, arrêté à Bois-Bourdin, à 6 heures, la veille, se composait de 52 hommes, dont 15 vêtus de blouses, de 107 chevaux et de 32 chariots. Une douzaine de soldats étaient allés manger au Guériton, mais ils étaient revenus ensuite à Bois-Bourdin, où le reste du convoi avait pris le repas du soir. Puis les hommes s'étaient couchés, les uns dans une écurie, les autres sous une remise à quelques pas de la ferme et des chariots ; un ou deux de ces chariots, par mesure de précaution, étaient restés attelés.

Les gardes nationaux et les francs-tireurs en formation se rassemblent à Marolles et adoptent, pour l'attaque de la ferme, un plan qui doit être mis à exécution au point du jour. On se compte, et la petite troupe, qui se compose de 250 hommes environ, va occuper dans la nuit, autour de la ferme, les diverses positions qui lui sont assignées.

Sur ces entrefaites, un prussien qui sortait de la remise où il était couché, rencontre près des grandes portes un des assaillants qui le bouscule. Un coup de feu est tiré, plusieurs détonations y répondent, et une décharge générale des gardes nationaux a lieu sur les murs de la ferme. Les Prussiens ripostent de la cour et des greniers où ils s'étaient retranchés, et l'on continue à tirailler de part et d'autre dans une profonde obscurité.

Un cri se fait entendre. L'ennemi semble se rendre, et la fusillade cesse un moment, mais pour reprendre un instant après, sans avantage marqué de l'un ou de l'autre côté.

Pendant la lutte, le fermier, M. Larousse, sa femme et ses enfants qui, au moment de l'attaque, s'étaient enfermés dans l'habitation de la ferme, sortent avec l'instituteur de Mortery, par une étroite lucarne, et s'enfuient sur Chenoise.

A l'aube, les Prussiens et leurs convoyeurs se disposent à quitter la ferme. Deux cavaliers sortent à cheval et viennent, en éclaireurs, jusqu'à Provins. Voyant la ville en émoi et des citoyens armés dans les rues, les deux Prussiens tournent bride et malgré les efforts de quelques personnes qui tentent de les arrêter, retournent à Bois-Bourdin. A ce moment, le combat a pour ainsi dire cessé ; les hommes du convoi montent dans les chariots attelés et, sous l'escorte des cavaliers, prennent à toute vitesse la route de Chenoise et de Jouy-le-Châtel, abandonnant un assez grand nombre de chevaux, des voitures et des fourgons dans lesquels on a trouvé des objets de toute nature, produits évidents du vol et du pillage.

L'ennemi a eu quelques hommes blessés. L'un d'eux a été retrouvé couché dans une étable et frappé dans un moment d'égarement... De notre côté, nous avons eu deux hommes tués : MM. Marchand et Senet fils. Ce qui doit ajouter aux douloureux regrets que cette perte a inspirés, c'est que les deux victimes, dans le désordre et la confusion d'une lutte nocturne, sont tombées sous les balles des gardes nationaux. Le sieur Alexandre, chef de la Compagnie des francs-tireurs provinois, a été légèrement blessé à la poitrine, par un coup de feu ennemi.

A Provins, l'émotion causée par cet évènement est profonde. De la Nozaie, on entend parfaitement le bruit de la fusillade apporté par l'écho de la vallée du Durtain. Ignorant encore le dénouement qu'a eu l'expédition, plusieurs habitants veulent qu'on se porte en masse au secours de nos concitoyens menacés, et malgré la résistance du gardien, le tocsin est sonné à la Tour de César.

Un habitant de Septveilles, armé et en état d'ivresse, est arrêté et mis en prison, au moment où il vient de décharger son fusil contre des passants et des enfants.

Le soldat prussien blessé est bientôt amené à l'hôtel-Dieu. Dans la journée, des gardes nationaux de Chenoise amènent à Provins un autre soldat également blessé.

Les corps des deux provinois tués, apportés à Provins dans un fourgon de l'ennemi, sont déposés à l'hôtel-Dieu, et le soir, toute la population se porte à l'enterrement et fait ainsi, aux malheureuses victimes de Bois-Bourdin, d'émouvantes funérailles.

5 *octobre.* — On arrête à leur passage à Provins, 6 chariots bavarois, envoyés par l'ennemi à Châlons, pour y chercher des vivres et des munitions, et on les dirige, sous escorte de gardes nationaux, à Nogent-sur-Seine.

L'administration municipale fait évacuer de l'hôtel-Dieu de Provins, où ils étaient gardés depuis quelque temps, onze soldats allemands, pour les faire conduire aux ambulances prussiennes de Coulommiers.

Deux francs-tireurs provinois arrêtent la voiture en haut de la montagne de Paris, et s'emparent des armes qu'on avait rendues aux soldats à leur départ.

Les allemands désarmés sont ramenés à l'hôtel-Dieu.

7 *octobre.* — Quelques gardes nationaux et francs-tireurs de Jouy-le-Châtel et des environs tentent infructueusement d'arrêter la poste prussienne, sur la route de Sézanne ; plusieurs coups de fusil sont tirés des bois dits de la Mare aux Grues, et blessent seulement un sous-officier et les chevaux attelés à la voiture.

8 *octobre.* — Deux francs-tireurs de St-Etienne arrivent à Provins et se présentent au conseil muni-

cipal. La nature des renseignements qui leur sont donnés ne permet pas de penser qu'ils puissent s'établir dans le pays.

9 et 10 *octobre*. — Une colonne ennemie vient occuper Jouy-le-Châtel, pour y rechercher les auteurs de l'attaque du 7 octobre, dénoncés, dit-on, par deux femmes du pays. Les Prussiens se livrent à de minutieuses perquisitions ; ils menacent et brutalisent plusieurs habitants. D'odieuses profanations sont commises dans le cimetière. Les soldats violent les tombes et ouvrent les cercueils pour rechercher les fusils.

11 *octobre*. — Le conseil municipal de Provins s'occupe de la construction de la maison d'école. Une liste de souscriptions particulières est ouverte, et un grand nombre de nos concitoyens s'y inscrivent avec un louable empressement, pour le prêt, sans intérêt, des sommes nécessaires à l'exécution de cette œuvre importante.

12 *octobre*. — Une colonne de dragons Wurtembergeois vient notifier à Provins la part afférente à notre arrondissement, dans l'impôt d'un million dont le roi de Prusse vient de frapper le département de Seine-et-Marne. Cette part est de 164,737 francs. La notification des sommes incombant à chaque commune de l'arrondissement a lieu par les soins de l'administration municipale. Un délai de 6 jours est accordé pour la collection de l'impôt.

La colonne Wurtembergeoise passe la nuit au quartier de cavalerie, et se dirige le lendemain matin sur Coulommiers.

13 *octobre*. — Deux voyageurs, venant de l'Aube, passent à la mairie de Provins et demandent à être conduits rapidement à Naugis. Ils sont porteurs de papiers délivrés par le Préfet de l'Aube et par le directeur des postes. Ces papiers font connaître que les deux voyageurs auxquels on est prié d'accorder aide et protection, sont chargés d'une mission extraordinaire et secrète.

14 *octobre*. — Vers 4 heures du soir, un ballon monté passe au nord et en vue de Provins. Parti de Paris vers une heure, *le Céleste* attérit à 5 heures, entre la ferme du Fresnoy et le village de Mont-le-

Pothier, non loin de la route de Villenauxe-la-Grande
à Provins. La nacelle portait M. Ranc, maire du 9e
arrondissement, M. Ferrand et l'aéronaute Tissandier.
Un très-grand nombre d'habitants des villages voisins sont accourus et ont assisté à la descente du
ballon qui s'est effectuée sans encombre. Aidés par la
population, les voyageurs ont pu se mettre en route
le soir même pour Tours, avec 400 kilogrammes de
dépêches dont ils étaient porteurs.

15 *octobre* — Réunion, à la mairie, du conseil municipal et des plus imposés. Cette assemblée décide
à la presque unanimité que la ville paiera la part
qui lui a été attribuée dans l'impôt du million.

16 *octobre*. — Douze jeunes gens de Jouy-le-Châtel passent à Provins et se dirigent sur Nevers, où
ils vont s'engager pour la durée de la guerre.

18 *octobre*. — Quatre soldats allemands et un sergent traversent Provins dans une charrette, et croyant
aller à Nogent-l'Artaud, se dirigent sur Nogent
sur-Seine. A Sourdun, des gardes nationaux armés
qui les ont suivis et devancés se jettent sur la voiture
et tentent de l'arrêter. Les soldats résistent ; l'un
d'eux étend raide mort le jeune Lemoine, de Provins, qui tenait la bride du cheval ; un autre atteint
mortellement un cultivateur de Sourdun, M. Lange.
Le sergent prussien est tué et deux soldats sont gra-
vement blessés. Les autres sont faits prisonniers.

La voiture et les prisonniers sont menés le même
soir à Nogent-sur-Seine.

20 *octobre*. — Les funérailles du jeune Lemoine,
tué à Sourdun, le 18 octobre, ont lieu à Provins au
milieu d'une affluence considérable.

21 *octobre*. — Plus de 50 jeunes gens, employés
dans les importantes papeteries des Marais, arrivés à
Provins la veille, se dirigent, sous la conduite de M.
Doumerc, sur Nemours, où ils vont s'engager pour
la durée de la guerre.

Affaire de Grandpuits. — Un détachement ennemi, fort de 200 hommes d'infanterie et de 50 cavaliers, est attaqué dans la ferme de la Salle, près la
station de Grandpuits, par une troupe de volontaires
de la garde nationale de Montereau et de plusieurs
communes environnantes, à laquelle s'était jointe

une compagnie de marche de l'Yonne.

A l'approche de la colonne française, forte d'environ 800 hommes plus courageux qu'expérimentés, les Prussiens épars dans le village de Grandpuits regagnent précipitamment la ferme, et se disposent à soutenir l'attaque. Une vive fusillade s'engage du côté des assaillants ; l'ennemi y répond avec la supériorité de ses armes, des bâtiments de la ferme où il s'est retranché comme dans une véritable forteresse. Une première sortie de la cavalerie est repoussée avec énergie. Mais les munitions commencent à s'épuiser; plusieurs combattants sont tombés sous le feu de l'ennemi, et la démoralisation se met dans les rangs des gardes nationaux. A une seconde charge de la cavalerie, le petit corps bat en retraite, laissant sur le terrain les malheureux blessés que l'ennemi égorge lâchement.

Cependant les cavaliers n'osent poursuivre les gardes nationaux qui se retirent, et le détachement ennemi quitte bientôt Grandpuits, emmenant quelques prisonniers auxquels il fait subir des traitements odieux.

Les pertes pour la garde nationale se sont élevées à 15 hommes tués et 5 blessés. La compagnie de l'Yonne a eu 2 de ses hommes tués. Les pertes de l'ennemi, quoique moins considérables, ont dû être sensibles : le détachement a emmené dans ses fourgons ses morts et ses blessés.

Le bruit de l'attaque de Grandpuits s'était répandu fort loin, et les gardes nationales de la vallée de la Seine se sont mises en marche et ne se sont arrêtées, à Donnemarie, qu'en apprenant la fin de la lutte.

22 octobre. — Arrivée à Nangis d'une forte colonne Wurtembergeoise, composée de cavalerie, d'infanterie et d'artillerie, venue pour opérer le désarmement des gardes nationales qui ont pris part à l'affaire de Grandpuits.

23 octobre. — Les Wurtembergeois quittent Nangis de grand matin. La colonne ennemie passe à Salins, franchit la Seine à gué à Marolles, et entre dans Montereau où elle désarme la garde nationale, brise les fusils et s'empare d'une mitrailleuse construite par un habitant de la ville.

L'ennemi interdit toute manifestation à l'occasion

desfunérailles des victimes de l'affaire de Grandpuits.

La compagnie des francs-tireurs de St-Etienne arrive le soir à Provins. Les francs-tireurs sont logés
dans les hôtels et chez quelques habitants. Une partie de la population fait à ces braves gens un cordial
et patriotique accueil.

24 *octobre*. — L'administration tente d'envoyer
dans l'Yonne, hors des atteintes de l'ennemi, un certain nombre de militaires français, en convalescence
à l'hôtel-Dieu de Provins. L'arrivée à Bray des Wurtembergeois rend le passage de la Seine impossible
à ces soldats qu'on ramène à Provins.

Les francs-tireurs de la Loire s'emparent des 22
soldats allemands restés à l'hôtel-Dieu, les font prisonniers et les conduisent à Nogent-sur-Seine.

La colonne Wurtembergeoise, venant de Montereau, a désarmé la garde nationale de Bray et s'est
dirigée, par les routes de Nogent et de Trainel, sur
Noyen et sur Fontaine-Fourches, où elle a passé la
nuit. — Nouvelle aurore boréale.

25 *octobre*. — Combat de Nogent-sur-Seine.
A l'annonce de l'approche de l'ennemi, le tocsin a
été sonné dans les communes de la vallée de la Seine,
et les gardes nationaux se sont portés en masse sur
Nogent, où se trouvent des mobiles du Morbihan venus de Troyes, et la compagnie des francs-tireurs de
St-Etienne. Des mesures de défense ont été prises à
la hâte ; une barricade a été élevée dans le faubourg
de Béchereau et l'on se dispose à résister à l'ennemi,
qui apparaît bientôt à l'ouest de Nogent.

La lutte s'engage. Les francs-tireurs soutenus par
la mobile du Morbihan, font subir aux Wurtembergeois des pertes très-sérieuses. Les canons de l'ennemi postés sur une éminence voisine, lancent des
obus qui allument l'incendie sur divers points de la
ville. Le cimetière de Nogent est le théâtre d'un combat opiniâtre et meurtrier ; les Wurtembergeois y
pénètrent par une brèche et massacrent avec fureur
des mobiles désarmés.

L'ennemi a fait un détour et se présente par le
faubourg de Troyes. La résistance devient impossible ; l'ordre de retraite est donné, et M. le maire
de Nogent se porte à l'entrée de la ville avec le dra-
peau de parlementaire.

Les Wurtembergeois entrent dans Nogent et se livrent envers des habitants inoffensifs, des femmes et des vieillards, à des actes de férocité vraiment inouis. De minutieuses perquisitions sont opérées sans résultat, dans la ville, pour découvrir les francs-tireurs. A 4 heures, la colonne ennemie quitte Nogent avec ses nombreux blessés et les prisonniers (260 mobiles et une vingtaine de gardes nationaux) et arrive à la nuit tombante à Sourdun.

Les pertes de la mobile, en cette triste et glorieuse journée, furent d'une trentaine d'hommes tués et d'un nombre au moins égal de blessés. Les francs-tireurs, qui se battirent avec tant de vaillance, eurent un homme tué et 4 blessés, parmi lesquels se trouvait le capitaine atteint d'une balle à la cuisse. Les Nogentais perdirent une douzaine de gardes nationaux.

Les pertes de l'ennemi ont dû être considérables. Le commandant de la colonne a été tué et plusieurs officiers blessés mortellement.

Le soir, les nuages qui cachent le ciel s'illuminent comme éclairés par les reflets d'un vaste incendie. L'aurore boréale qui s'est produite la veille se renouvelle avec un éclat plus intense encore.

26 *octobre.* — La colonne Wurtembergeoise qui a passé la nuit à Sourdun, arrive à Provins de très grand matin, avec ses prisonniers et ses nombreux blessés. Deux de ces derniers sont enterrés à Provins, un autre à Chenoise.

L'ennemi touche à Provins la part de l'impôt du million pour la ville et quelques communes de l'arrondissement.

La population provinoise fait aux prisonniers le plus sympathique et le plus touchant accueil. Elle leur offre, avec un empressement qui l'honore, des vivres, des habits et de l'argent.

A 11 heures, la colonne ennemie prend la route de Coulommiers.

Violent ouragan dans l'après-midi.

28 *octobre.* — Un détachement prussien égaré, avec plusieurs voitures, et croyant aller à Nogent-l'Artaud, traverse Provins et va jusqu'à Nogent-sur-Seine. Le détachement qui s'est tenu dans la gare de Nogent, n'ose entrer en ville, et quitte la gare dans

la nuit. Il repasse à Provins le lendemain matin et s'éloigne par la route de Paris.

29 *octobre*. — Un nouveau ballon passe en vue de Provins et va tomber dans l'Aube. A Coeffrin, près Villiers-Saint-Georges, les aéronautes lancent de la nacelle un paquet de journaux de Paris des 28 et 29 octobre.

30 *octobre*. — La nouvelle de la capitulation de Metz arrive à Provins. La proclamation de Gambetta lue à 4 heures, à l'hôtel-de-ville, détermine une profonde et triste impression.

31 *octobre*. — On affiche une dépêche du préfet de l'Aube qui jette quelque doute sur la capitulation de Metz. L'armée, y est-il dit, n'a pas accepté la capitulation signée par son indigne chef....... Le vague espoir que fait naître cette dépêche ne durera pas 24 heures !

Mois de novembre.

1ᵉʳ *novembre*. — La nouvelle de la capitulation de Metz est malheureusement confirmée par une seconde proclamation de Gambetta, adressée à l'armée, et par une dépêche du préfet de l'Aube.

2 *novembre*. — On amène à Provins une voiture de tabac de contrebande saisie à Jouy-le-Châtel par la garde nationale.

3 *novembre*. — Le froid commence à se faire sentir. Le thermomètre est descendu le matin à zéro.

M. H. Rousseau, préfet de Seine-et-Marne, fait à Bray-sur-Seine la révision de la garde nationale mobilisée, pour les cinq cantons de l'arrondissement de Provins. Pendant cette opération qui dure deux jours, la ville de Bray est militairement gardée par les gardes nationaux de Bray et une compagnie de francs-tireurs.

4 *novembre*. — Les gardes nationaux de Provins, arrêtent à la porte de Paris une voiture contenant une quantité considérable de lièvres et de faisans, qu'un habitant de Favières venait pour vendre au marché de Provins. Le lendemain, le tribunal correctionnel condamne le propriétaire du gibier à 8 jours de prison et 50 francs d'amende, et déclare ce gibier confisqué au profit des hospices de Provins.

Montereau est occupé par les Prussiens.

5 *novembre*. — On connait par une dépêche le résultat du vote du 3, à Paris. Sur la question de savoir s'ils acceptaient comme régulier le gouvernement de la Défense nationale, les électeurs parisiens ont répondu par 442,000 *oui* et 49,000 *non*.

6 *novembre*. — MM. Lefrançois et Guérard sont reconnus par la garde nationale, le premier, comme capitaine-rapporteur, le second, comme secrétaire du conseil de discipline.

Le vote du 3 novembre, à Paris, avait gardé pour nous un caractère assez énigmatique. On connaît le soir, par une proclamation du préfet de l'Yonne, les tristes évènements accomplis dans la capitale, pendant la journée du 31 octobre.

7 *novembre*. — Une dépêche qu'on affiche annonce que le gouvernement repousse toute proposition d'armistice.

Les Prussiens qui occupent Montereau commencent les réquisitions de vivres dans les communes de la vallée de la Seine, Egligny, Châtenay, etc.

8 *novembre*. — Un provinois, M. Charbaut, rapporte le décret du 3 novembre, par lequel la délégation de Tours prescrit la mobilisation de tous les hommes valides de 21 à 40 ans, mariés ou veufs avec enfants. L'organisation des nouveaux mobilisés devra être terminée le 19 novembre.

Ce décret n'a qu'un *considérant* :

« Considérant que la patrie est en danger, que tous les citoyens se doivent à son salut ; que ce devoir n'a jamais été ni plus pressant ni plus sacré que dans les circonstances présentes...... »

9 *novembre*. — Plusieurs soldats, échappés de Metz, passent à Provins.

Une dépêche télégraphique (entre bureaux) nous informe que Troyes a été occupé aujourd'hui par 8,000 prussiens. C'est par Troyes que nous connaissions les nouvelles de Tours.

10 *novembre*. — Des Prussiens qui étaient venus de Montereau à Montigny-Lencoup requérir des voitures, sont attaqués par des francs-tireurs cachés dans les bois de la Vache. Ils ne subissent aucune perte ; mais ils reviennent le lendemain et emmènent

un assez grand nombre d'habitants de la commune, parmi lesquels se trouve le maire.

11 novembre. — Première neige.

On vend à Provins, chez les débitants, le tabac saisi à Jouy-le-Châtel à deux contrebandiers, que le tribunal correctionnel condamne à 300 f. d'amende.

12 novembre. — Un corps d'armée prussienne, venant de Metz, traverse le 12 novembre et les jours suivants la partie de notre arrondissement située au sud de la Seine. Le prince de Hesse, qui le commande, couche à Bray et le jour suivant à Marolles.

On connaît à Provins la nouvelle de la reprise d'Orléans par les Français.

Les francs-tireurs de la Marne qui ont arrêté hier, non loin de Courgivaux, plusieurs voitures conduisant à Châlons des soldats prussiens malades, amènent le soir à Provins 14 de ces soldats qu'on reçoit à l'ambulance de la porte de Changis.

13 novembre. — Passage, dans les communes du nord de l'arrondissement, d'une armée allemande venant de Metz. Pendant plusieurs jours, les communes qui avoisinent la route de Sézanne à Paris, sont écrasées par ce passage.

14 novembre. — Une adresse au gouvernement de la Défense nationale circule à Provins et se couvre de signatures. Cette adresse, rédigée par M. Morand, est ainsi conçue :

« Nous, soussignés, citoyens de la ville de Provins, déclarons au gouvernement de la Défense nationale que nous nous associons au vote émis par l'immense majorité de ce grand Paris qui est bien l'âme et le cœur de la France.

« Nous considérons comme traîtres à la patrie tous ceux qui, par une division à l'intérieur, *de quelque nature qu'elle puisse être*, entraveraient l'œuvre de la délivrance du sol, si cher à tout cœur Français.

« Vive la France ! vive la République française !

« Provins, le 14 novembre 1870. »

15 novembre. — Une colonne ennemie opère des réquisitions et le désarmement de la garde nationale, à Montigny-Lencoup.

16 novembre. — Un détachement de 120 Hessois quitte Nogent et vient coucher à Sourdun.

Un employé de la sous-préfecture rapporte, et l'on fait parvenir immédiatement dans toutes les mairies, l'ordre de faire partir de suite à Souppes, siége de la préfecture, et sous leur responsabilité personnelle, les jeunes gens de la classe de 1870 et les célibataires de 21 à 40 ans.

Le conseil municipal de Provins décide qu'il sera remis à titre de secours à chaque mobilisé une somme de 5 francs.

D'après les instructions qui accompagnent l'envoi de cet ordre, les hommes mariés doivent se tenir prêts à partir au 1ᵉʳ signal.

17 *novembre.* — Le détachement de Hessois qui a passé la nuit à Sourdun, traverse Provins dans la matinée. A la sortie de la ville, plusieurs coups de fusil sont tirés par un habitant sur le détachement qui riposte en faisant une décharge presque générale. Une balle atteint au pied un pauvre vigneron de la ville haute, M. Massé, et lui cause une blessure mortelle.

Le détachement poursuit sa marche et couche le soir à Donnemarie.

Le même jour, un autre détachement Hessois, venant de Nogent, couche à Bray.

Le premier numéro de la *Correspondance des Communes* paraît à Provins le 17 novembre.

Un service de correspondance journalière, reliant au chef-lieu toutes les communes de l'arrondissement, commence à fonctionner. Ce service est fait par la garde nationale. Chaque jour, les communes font parvenir à Provins un bulletin résumant les nouvelles locales, et elle reçoivent en échange un numéro de la *Correspondance des Communes*, qui leur donne les dépêches de la guerre, les instructions de l'administration et le résumé des faits se rapportant à l'arrondissement de Provins et aux pays limitrophes.

Cette correspondance dont l'organisation est due à l'initiative de M. Breton, procureur de la République, a fonctionné sans obstacle jusqu'au 19 décembre. On verra à cette date pour quelles causes elle dut cesser d'exister.

On entend très distinctement le canon dans la direction de Paris.

18 *novembre.* — Les francs-tireurs de Provins et

des environs tendent, sur la route de Montereau, et près du chemin vicinal de Gurcy, une embuscade aux Hessois qui ont quitté Donnemarie dans la matinée.

Des boîtes à mitraille éclatent au passage du détachement, jettent le désordre dans ses rangs et blessent plusieurs soldats. Cachés dans les bois qui bordent la route, les francs-tireurs tiraillent les Hessois qui répondent, en s'enfuyant, par d'innombrables coups de fusil.

Cette affaire aurait coûté à l'ennemi 6 morts, plusieurs blessés et un prisonnier.

Les francs-tireurs n'ont eu aucun blessé.

19 *novembre*. — Une colonne Wurtembergeoise, composée de 900 fantassins, de 300 hommes de cavalerie et d'artillerie, avec plusieurs pièces de canon, arrive à Provins, venant de Villenauxe-la-Grande. Un des cavaliers de l'avant-garde blesse le sieur Hoteplin, qui, pris de boisson, s'était approché de lui et l'avait légèrement frappé.

Cette colonne, commandée par le colonel Scuber, quitte le lendemain Provins et va en garnison à Coulommiers, après avoir fait étape à Jouy-le-Châtel.

Dans la nuit, MM. Martinou, Bellemère et Chéret, signalés à l'ennemi comme mobilisés, sont arrêtés. En rendant nos trois compatriotes à la liberté, le chef Wurtembergeois annonce à l'administration qu'au cas où ces trois personnes viendraient à quitter Provins, la ville paierait pour chacune d'elles une amende de 5,000 francs.

Le même jour, une troupe ennemie, composée de 150 cavaliers et de 250 fantassins, casernés à Montereau, vient à Donnemarie exercer de lourdes réquisitions en nature, et en représailles de l'embuscade tendue la veille aux Hessois, met pendant une heure la petite ville au pillage.

21 *novembre*. On arrête à Courtacon et l'on amène à Provins 4 marchands brocanteurs, originaires de la Bavière. Ces marchands qui paraissaient suivre l'armée ennemie, vendaient du sucre, de l'eau-de-vie, du tabac. Aucun d'eux ne parlait français.

26 *novembre*. — Installation, par M. le juge de paix, du Jury de révision de la garde nationale. Ce jury n'a jamais fonctionné.

Passage, à Jouy-le-Châtel et à Donnemarie, de plusieurs médecins des ambulances françaises, venant de Metz et allant rejoindre l'armée de la Loire.

27 *novembre*. — Manifestation dans les compagnies de la garde nationale contre la nomination, d'ailleurs très légale, des rapporteurs et des secrétaires du jury de révision, qui, le lendemain, s'empressent de donner leur démission.

28 *novembre*. — M. Cabarrus, sous-préfet, et M. Breton, procureur, prennent l'initiative d'une souscription à organiser dans l'arrondissement, pour donner aux mobilisés des ceintures de flanelle.

Ce généreux appel a été entendu, et de toutes parts, des offres des communes et des particuliers y ont répondu.

Le conseil de discipline tient sa première séance sous la présidence de M. de Salvert, chef de bataillon de la garde nationale. Le sieur X... est condamné pour désordres causés le 19 novembre , à la réprimande, avec mise à l'ordre du jour.

30 *novembre*. — Commencement d'incendie au moulin des Trois-Moulins.

Mois de décembre.

1er *décembre*. — Le conseil municipal de Provins décide que, sur le crédit de 5,000 fr. voté pour la défense nationale, il sera prélevé une somme de 2,000 fr. pour acquisition de ceintures de flanelle destinées aux mobilisés.

On entend, de tous les points de l'arrondissement, le bruit du canon dans la direction de Paris et de la Loire.

2 *décembre*. — M. le Procureur de la République adresse aux maires et aux capitaines de garde nationale de l'arrondissement d'énergiques instructions sur les mesures à prendre pour empêcher le commerce avec l'ennemi.

Canonnade épouvantable dans la direction de Paris et d'Orléans.

Les gardes nationaux de Jouy-le-Châtel arrêtent une voiture de blé appartenant à un fermier des environs de Provins. Le charretier était porteur d'un laissez-passer délivré à la mairie de Coulommiers et qui constatait que le blé, conduit au sieur Abel Leblanc, négociant en cette ville, était « pour la subsistance de l'armée allemande. »

Le fermier est mis le soir en état d'arrestation.

3 *décembre*. — Enterrement d'un soldat polonais décédé à l'ambulance de Provins.

Deuxième séance du conseil de discipline qui prononce la peine de 12 heures d'emprisonnement, contre le sieur Y... pour faits d'indiscipline accomplis dans l'ivresse.

4 *décembre*. — Les sapeurs-pompiers de Provins fêtent sans armes et sans éclat, leur patronne, Ste-Barbe.

Neuf pontonniers bavarois explorent depuis Montereau jusqu'aux Ormes la ligne ferrée de Flamboin. L'ennemi, qui s'efforce inutilement de reconstruire le pont sur la Seine, près de Montereau, aurait conçu l'intention de rétablir la circulation sur l'embranchement de Flamboin.

On connaît à Provins la proclamation de M. Gambetta sur les opérations militaires des 28, 29 et 30 novembre, à Paris.

5 *décembre*. — Arrestation à Bouchy-le-Repos, par les Wurtembergeois en garnison à Coulommiers, d'un habitant faisant partie de la Compagnie des francs-tireurs de la Marne, et de plusieurs femmes du pays emmenées comme ôtage.

Affaire de frétoy. — Vers 3 heures de l'après-midi, un convoi de plusieurs fourgons, escorté par 13 soldats allemands, arrive au Montcel, hameau dépendant de la commune de Frétoy. Ce convoi qui paraît s'être égaré, était passé, dans la matinée, à Jouy-le-Châtel, à Villegagnon et à Bannost, se dirigeant sur Nogent-l'Artaud. Le sieur Frisson, de Jouy-le-Châtel, a dit plus tard avoir donné aux hommes du convoi des indications nécessaires pour se remettre dans la véritable route dont ils s'étaient écartés.

Les 14 soldats se répandent dans les maisons du hameau, chez MM. Bony, Gamblin Félix, Gamblin Benjamin, et Hutpin père et fils, où ils demandent à manger et à passer la nuit.

Le soir, un petit détachement de gardes nationaux des pays voisins cerne les habitations où logent les Prussiens et les attaque. Quelques-uns des soldats tentent de résister ; une lutte terrible s'engage chez M. Hutpin.

Plusieurs prussiens sont tués ; d'autres sont faits prisonniers et amenés la même nuit à Provins. Deux soldats qui avaient pu s'enfuir ont été arrêtés et amenés le lendemain ; ils avaient la peau des pieds emportée. Un autre serait, dit-on, mort de froid ; le malheureux s'était sauvé presque nu, par une température extrêmement rigoureuse.

Les gardes nationaux ont également amené à Provins les chevaux et les fourgons capturés en cette circonstance.

6 *décembre.* — Funérailles de M. Deroy, maire de Beton-Bazoches. M. Deroy, avait été, lors des passages de troupes, en septembre 1870, victime des mauvais traitements de l'ennemi, et les brutalités qu'il eut à subir sont entrées pour une grande part dans les causes qui déterminèrent sa maladie et sa mort.

8 *décembre.* — Un service de correspondance par voiture s'organise entre Provins et Montargis.

Vente, au quartier de cavalerie, des chevaux et des fourgons capturés à Frétoy, le 5 décembre. Cette vente faite par le commissaire-priseur de Provins, en présence de M. le Sous-Préfet, produit une somme de 2,764 fr. 65.

Neige abondante.

9 *décembre.* — On connaît le soir par une circulaire de M. Gambetta, l'attristante nouvelle de l'évacuation d'Orléans.

Un ballon monté passe le soir, en vue de Provins, se dirigeant sur Troyes.

11 *décembre.* — On sait, à Provins, par des voyageurs, que l'appel des hommes mariés est indéfiniment ajourné.

14 *décembre.* — M. le Procureur de la République fait sortir de la prison de Provins, où ils étaient enfermés, et diriger sur Bray et sur Sens, avec l'escorte des francs-tireurs de Provins, un assez grand nombre de soldats et de convoyeurs allemands. Le départ a lieu vers 9 heures du soir. Les prisonniers de Frétoy ne sont malheureusement pas compris dans ce convoi.

M. le curé de Bouchy-le-Repos, ayant obtenu,

après de courageuses démarches auprès des Wurtembergeois en garnison à Coulommiers, la promesse d'acceptation d'un échange de prisonniers prussiens, contre les ôtages emmenés le 5, de Bouchy, six soldats allemands, soignés à l'ambulance de Provins sont conduits en voiture à Coulommiers.

Le départ des 6 hommes, qui se lamentent à l'idée d'être rendus aux troupes prussiennes, s'effectue très secrètement, à minuit.

Cette négociation imprudente, dictée par un sentiment louable, devait avoir, quelques jours plus tard, pour la ville de Provins, de fâcheuses conséquences.

16 *décembre*. — M. Debray, banquier, fait le voyage de Nevers, pour porter à nos mobilisés des lettres et de l'argent.

Le Procureur de la République de Coulommiers et le curé de Chenoise, passent à Provins et annoncent l'arrivée prochaine des Wurtembergeois qui occupent Coulommiers.

Un garde de Chenoise vient prévenir M. Breton que le chef de la colonne ennemie se propose de l'arrêter. M. le Procureur de la République, que sa courageuse et patriotique attitude, depuis le commencement de l'invasion, expose aux colères de l'ennemi, quitte Provins le soir même et va passer la nuit aux Grands-Pleux, dans la forêt de Sourdun.

L'ennemi couche à Chenoise, à Saint-Hilliers et à Courchamp ; et notre ville, dans l'appréhension des évènements que le lendemain réserve, revêt une physionomie agitée et inquiète.

17 *décembre*. — M. le docteur Montillot, de Provins, et M. Lethier, ingénieur des ponts-et-chaussées, partent, le matin, à Montargis, pour y chercher des soldats français, blessés dans les derniers combats sur la Loire, et les amener à l'ambulance de Provins.

A 11 heures 1/4, les Wurtembergeois entrent à Provins, par les portes de Paris et de Courloison. Ils cernent immédiatement la ville, dont toutes les issues sont militairement gardées. L'infanterie se masse sur la place Saint-Ayoul ; la cavalerie occupe les routes qui aboutissent à Provins, et les canons ennemis sont braqués des hauteurs de Saint-Syllas, sur la ville basse.

Le colonel Wurtembergeois Seuber se fait conduire à l'ambulance de la Porte de Changis ; il interpelle brutalement l'excellente religieuse qui la dirige, et qui lui répond avec autant de tact que de fermeté. Il ordonne que les soldats allemands sortiront immédiatement de l'ambulance, et il requiert des voitures pour les faire conduire à Coulommiers.

Par ses ordres, un avis est publié, enjoignant aux habitants de porter à l'hôtel-de-ville toutes les armes qu'ils possèdent. De minutieuses perquisitions sont faites dans les divers quartiers de la ville, et toute découverte d'armes inoffensives ou hors d'usage, est punie de fortes amendes. Plusieurs vols sont commis par les soldats chargés d'opérer ces perquisitions.

A la maison d'arrêt, où il se fait également conduire, le chef Wurtembergeois fait sortir le cultivateur arrêté le 2 décembre. Des soldats se présentent au domicile de M. Breton qui a heureusement quitté la ville. Enfin l'officier chargé de visiter l'Hôtel-Dieu, y découvre le soldat blessé à Bois-Bourdin et le fait sortir avec un autre soldat malade.

Deux de nos compatriotes, MM. Toudy, et Nicolas sont arrêtés par les soldats qui leur font subir de mauvais traitements.

Le colonel Seuber frappe la ville d'une contribution de guerre de 20,000 fr., que le conseil municipal refuse d'acquitter. Sur ce refus, le colonel désigne 5 conseillers municipaux qui sont emmenés comme otages : MM. Bourquelot, Charbaut, Chevalier, Gallot, et Gennérat.

Les troupes ennemies quittent Provins à la nuit tombante. La colonne principale, avec les otages et les prisonniers, se dirige sur Chenoise ; l'autre colonne va coucher à Villiers-Saint-Georges.

Otages et prisonniers, parmi lesquels se trouvait M. Lesage, de Marolles, ont été dirigés le lendemain sur Corbeil.

18 *décembre*. — Les francs-tireurs de la localité mettent à mort, sur le territoire de Chalmaison, un jeune homme, d'origine Danoise, qui se rendait de la Ferté-sous-Jouarre, où il exerçait la profession de meunier, à Nevers où il voulait s'engager dans l'armée française. Ce malheureux, arrêté à Jutigny, comme espion prussien, proteste vainement de son innocence ; après un simulacre de jugement à Montramé, il est emmené par les francs-tireurs et fusillé

sans pitié. Il ne nommait Jens Andersen et n'avait guère plus de vingt ans.

Le soir, M. le maire de Provins, accompagné de quatre membres du cercle *littéraire*, vient demander à l'imprimerie de la *Correspondance des Communes*, la suppression de cette petite feuille qui paraît pour la dernière fois sous ce titre, le lendemain.

Cédant à des réclamations nombreuses, l'éditeur continue la publication du journal quotidien : *Les Nouvelles du Jour*.

19 décembre. — Réunion du conseil municipal et des plus imposés.

Cette assemblée décide à l'unanimité que la ville paiera, pour obtenir la délivrance des otages, la contribution de guerre de 20,000 fr. dont elle a été frappée le 17 décembre. Plusieurs de nos compatriotes offrent d'avancer à la ville l'argent qui lui manque pour acquitter cette contribution.

20 décembre. — MM. Bourgeat et Michaud partent pour Coulommiers et Corbeil, où ils vont porter la contribution de 20,000 fr.

22 décembre. — Arrivée du premier convoi de militaires français blessés dans les combats de Ladon. Les huit soldats sont installés à l'ambulance et y reçoivent les soins les plus touchants. La population leur fait de son côté un sympathique accueil.

23 décembre. — Retour à Provins, avec MM. Bourgeat et Michaud, des cinq conseillers municipaux emmenés en otage le 17. Un d'eux, M. Emile Bourquelot, a publié récemment, en un petit volume, le spirituel récit de leur captivité à Corbeil.

Dans la nuit, un franc-tireur à cheval vient demander à Provins si l'on veut recevoir deux prisonniers allemands. — On lui répond par un refus formel.

24 décembre. — Le conseil municipal décide que les prisonniers de Frétoy, enfermés à la maison d'arrêt, seront dirigés, par tous les moyens possibles sur les pays non occupés. Cette décision n'a pu être exécutée.

Il n'y a point eu de messe de minuit.

25 décembre. — Elections de 3 officiers de la garde nationale. (5ᵉ compagnie).

28 *décembre*. — Une colonne de Wurtembergeois venue le 27, à Villiers-St-Georges, se dirige le matin sur Bouchy-le-Repos, où elle s'empare de M. Regnier fils, franc-tireur. M. Regnier est emmené à Coulommiers.

Les Wurtembergeois ont brisé les armes à Louan et à Fontaine-sous-Montaiguillon.

31 *décembre*. — Très fort marché de grains à Provins.

Dans la nuit qui termine cette année fatale et à jamais maudite de 1870, le canon du bombardement de Paris se fait entendre dans nos vallées avec une épouvantable violence.

Mois de janvier 1871.

2 *janvier*. — Un détachement de Wurtembergeois, venant de Coulommiers et conduit par un soldat échappé, lors de l'attaque du 5 décembre, vient arrêter à Frétoy M. Monin, maire; M. Gamblin, adjoint; MM. Hutpin, père et fils.

Ces personnes sont emmenées à Coulommiers.

150 francs-tireurs attaquent, entre Conflans et Marcilly-sur-Seine, une colonne de 200 Prussiens qu'ils mettent en fuite, après lui avoir fait subir des pertes sensibles. Le commandant ennemi est tué.

3 *janvier*. — Arrivée d'une colonne ennemie à Nangis. Elle parcourt le lendemain diverses communes des cantons de Nangis et de Donnemarie, et y opère le désarmement des gardes nationales. De minutieuses perquisitions ont lieu au château de Sigy.

4 *janvier*. — Quelques francs-tireurs qui ont pris part à l'affaire de Conflans, viennent à Provins. La compagnie passe la nuit à Gouaix et dans les environs.

5 *janvier*. — Réunion, à l'hôtel-de-ville, du comité chargé de recueillir les fonds nécessaires pour compléter l'équipement des mobilisés. On décide qu'une lettre sera adressée aux maires de toutes les communes de l'arrondissement, avec l'indication du contingent de chacune d'elles, dans la somme de 3,000 fr. qui doit être remise à M. de Jouvencel, colonel des mobilisés.

MM. Toudy et Nicolas, emmenés par les Wurtembergeois, le 17 décembre, rentrent à Provins. M. Lesage, de Marolles, est également mis en liberté.

6 *janvier*. —Les francs-tireurs de Provins amènent en ville, pour le vendre le lendemain, un chargement d'avoine que des cultivateurs de Cerneux conduisaient à Choisy-le-Roi.
Eclipse de lune.

7 *janvier*. — L'administration municipale fait placarder à Provins une proclamation du commandant général des forces allemandes, relatives aux réquisitions, etc., et en tous points semblable à celle qui fut affichée par l'ennemi, lors du passage du prince Albrech, le 15 septembre.

A côté de la proclamation, figure également, en placard, l'invitation faite au maire de publier ce document. Cette invitation, émanée du préfet prussien, est datée de Meaux, 18 décembre.

8 *janvier*. — Réunion, à 10 heures, à l'hôtel-de-ville, du conseil municipal, des plus imposés et d'un certain nombre d'habitants, pour délibérer sur l'augmentation du contingent de la ville de Provins, dans l'impôt d'un million dont le département a été frappé.

L'assemblée décide à une très-grande majorité que ce contingent, qui a été porté de 11,000 francs à 21,000 francs, sera payé. 6 voix se sont opposées au payement.

11 *janvier*. — Mme Meunier, veuve de M. Meunier, ancien maire de Provins, meurt d'une fluxion de poitrine, au retour d'un voyage qu'elle avait fait en Normandie, pendant les premiers mois de la guerre. Mme Meunier n'était âgée que de 59 ans. Ses obsèques ont lieu le 13 janvier, au milieu d'une affluence considérable.

A l'occasion de ce décès, la famille de Mme Meunier fait don d'une somme de 500 francs au bureau de bienfaisance et de 200 fr. à la Crèche provinoise.

14 *janvier*. — La *Feuille de Provins* publie en tête de ses colonnes un document *officiel* et curieux : c'est l'ordonnance du gouverneur général de Reims, de Rosemberg-Gruszcenski, datée du 28 décembre 1870, qui abolit la perception des impôts français dans les départements de la Marne, de l'Aisne, des Ardennes, de l'Aube et de Seine-et-Marne, et y substitue un impôt unique. Cet impôt sera composé de

la somme des contributions directes (déduction faite des centimes communaux affectés aux dépenses d'instituteur et de garde-champêtre) et augmenté d'une somme de 50 francs par chaque individu.

L'ordonnance règlemente le mode de perception de l'impôt, par douzième, et accorde aux maires des communes une remise de 3 pour 100 , et aux maires des chefs-lieux de cantons qui centralisent l'impôt, une remise de 1 pour 100.

Le fonctionnaire prussien chargé d'assurer l'exécution de l'ordonnance porte le nom caractéristique de Pochhammer.

Malgré les remises accordées et malgré les menaces de rigueurs qui terminent l'ordonnance, l'impôt unique prussien n'a point été perçu dans le pays, qui a continué le payement des impôts français.

17 *janvier*. — Nouvelle arrestation, par les Wurtembergeois, de plusieurs personnes de Frétoy, qui sont emmenées à Coulommiers et qui y sont détenues jusqu'au 4 février.

18 *janvier*. — Une nombreuse compagnie de francs-tireurs de l'Aube cerne la ville de Nangis et met en état d'arrestation douze personnes qu'elle accuse de faire le commerce de grains, de bestiaux et de pétrole avec l'ennemi.

Ces douze personnes auxquelles s'ajoute le lendemain un treizième individu, boucher à Melun, arrêté à Dontilly par un franc-tireur, sont conduites par Rampillon, Meigneux, Sognolles, Montramé et Gouaix, jusqu'à Hermé, où, le 20 janvier, s'assemble à la maison d'école une sorte de conseil de guerre, présidé par le capitaine Sourd.

Sur les instances de M. Mandre, maire de Nangis, qu'accompagnent MM. Prévet et Massé, ce *conseil* met les prisonniers en liberté, moyennant de fortes cautions. Deux négociants seulement, les sieurs Lombard et Beauvais, sont retenus par les francs-tireurs et conduits jusqu'à Nevers.

A Nangis, les francs-tireurs avaient vendu, sur la place publique, les bestiaux saisis au sieur Libéron. A Gouaix, une vente semblable a lieu, pour un troupeau de moutons saisis à Dontilly au sieur Blondon.

Le conseil municipal de Provins, sur la proposition de M. Guerreau, vote d'utiles mesures de surveillance, relativement aux approvisionnements de pétrole des épiciers de la ville.

19 *janvier*. — Le préfet prussien de Troyes a supprimé l'*Echo Nogentais*. Cette nouvelle est annoncée le 19 janvier par la petite feuille quotidienne qui se publie à Nogent.

20 *janvier*. — La colonne Wurtembergeoise de Coulommiers arrive à Provins de très-grand matin. L'infanterie, amenée dans de grands chariots, s'arrête sur la place du Val ; la cavalerie cerne la ville, et l'artillerie séjourne au bout de la rue de Courloison.

L'ennemi recherche vainement le procureur de la République et son substitut. M. Salel, commissaire de police est arrêté et ses papiers sont saisis. Le colonel Seuber se fait conduire à la maison d'arrêt, et y délivre les cinq prisonniers de Frétoy. M. Grain, gardien-chef, est également arrêté.

Un détachement se présente à l'imprimerie Le Heriché, et y brise les presses sur lesquelles s'impriment les *Nouvelles du Jour*. D'autres détachements visitent l'hôtel-Dieu et l'ambulance de la Porte de Changis.

La colonne quitte Provins, emmenant à Coulommiers ses deux prisonniers.

22 *janvier*. — Le préfet prussien, comte de Furstenstein, fait parvenir à M. Louis Michaud, conseiller général de Seine-et-Marne, l'invitation de se rendre à Melun, le mercredi 25 janvier, à 1 heure, à l'hôtel de la préfecture.

Cette invitation, adressée à tous les conseillers généraux du département, porte que le gouvernement général de Reims, désire entendre l'opinion d'hommes éclairés et jouissant de la confiance générale, sur plusieurs matières concernant une répartition équitable des charges, des réquisitions et contributions de guerre à imposer au département. En conséquence, le préfet a reçu l'ordre d'inviter les conseillers généraux à se réunir au chef-lieu.

« Cette réunion, ajoute la lettre du fonctionnaire « prussien, dégagée de toute contrainte et de forma- « lité, ne saurait que profiter au bien du département. »

Inutile d'ajouter qu'aucun conseiller général de notre pays n'a répondu à l'appel du comte de Furstenstein.

23 *janvier*. — Un grand nombre de loups ont été vus aux environs de Saint-Hilliers.

24 *janvier*. — Arrestation du nommé Alexandre, capitaine des francs-tireurs de Provins, par les francs-tireurs eux-mêmes. Accusé d'avoir dilapidé les fonds de l'Etat, Alexandre paraissait vouloir résister; il fallut qu'un des hommes chargés de l'arrêter, le menaçât de son pistolet. Emmené en voiture et soumis à une surveillance peu vigilante, Alexandre réussit à s'échapper, et ce fut comme contumax qu'il fut plus tard condamné à la peine de mort, par un conseil de guerre.

25 *janvier*. — Les francs-tireurs amènent à Provins plusieurs voitures de marchandises d'épicerie (savon, sucre, etc.), destinées à la dame Jaillant, épicière à Nangis. Ces marchandises ont été saisies, sous le prétexte qu'elles devaient servir à l'approvisionnement de l'ennemi, et conduites aux Ormes où elles ont été vendues à vil prix. En même temps, le capitaine des francs-tireurs envoyait à la dame Jaillant l'ordre de payer ces marchandises au négociant de Sézanne qui les lui avait vendues; cet ordre était accompagné de menaces de mort.

26 *janvier*. — Les Wurtembergeois de Coulommiers viennent toucher à Provins la part supplémentaire imposée à la ville, dans l'impôt du million et qui se monte à plus de 10,000 francs.

Le colonel Seuber laisse à la mairie le bordereau des douzièmes échus de l'impôt unique prussien. Il s'assure que la proclamation dont nous avons parlé le 7 janvier a été placardée, et il laisse deux autres placards, l'un relatif au payement des contributions ; l'autre concernant le départ des jeunes gens appelés sous les drapeaux, et dont l'enrôlement est présenté, dans un *considérant*, comme *un acte de félonie*, envers les armées allemandes qui occupent le pays.

Le colonel donne l'ordre d'apposer ces deux placards.

Les Prussiens se livrent à plusieurs enquêtes : l'une, chez un négociant de la ville au sujet d'une montre, qui lui a été volée par les soldats allemands, dans une perquisition ; l'autre à l'hôtel-Dieu, sur l'enlèvement des malades prussiens par les francs-tireurs, le 24 octobre dernier.

Des perquisitions minutieuses sont faites à la ville

haute, dont les souterrains passent, aux yeux des Wurtembergeois, pour recéler des armes nombreuses. La Tour de César est également visitée dans toutes ses parties. Les soldats veulent emmener le gardien Fleury qui réussit à s'échapper, en entrant dans l'Eglise de Saint-Quiriace.

Pendant ce temps, des soldats en faction dans la rue de Troyes, pénétraient dans la cave de M. Louis Michaud, et lui pillaient son vin.

La colonne prend à midi la route de Villenauxe.

Le même jour, les Prussiens, voulant rendre les malheureuses populations de Conflans et de Marcilly responsables de l'attaque des francs-tireurs, dont nous avons parlé le 2 janvier, incendient presque entièrement les deux villages. Les journaux anglais ont signalé à tous les peuples civilisés cette atteinte monstrueuse portée aux lois de la guerre.

M. Casimir Périer est fait prisonnier dans son château de Pont. Les prussiens l'emmènent le lendemain, et ne permettent à Mme Périer d'accompagner son mari que jusqu'à Nogent-sur-Seine. M. Périer et d'autres otages sont conduits à Reims.

27 *janvier.* — Mort de M. Néel, juge d'instruction.

28 *janvier.* — Les passants s'arrêtent le matin devant un appel aux armes placardé nuitamment, dans la rue de la Gare, et signé E. B.

29 *janvier.* — On placarde, à la mairie de Provins, les ordonnances laissées le 26 par le colonel Seuber, et relatives au payement des contributions prussiennes et aux enrôlements des jeunes gens.

Les prussiens détruisent sans aucun motif, à Bray-sur-Seine, la petite boîte suspendue dans laquelle les piétons traversent le fleuve.

Des bruits vagues de capitulation de Paris circulent le soir à Provins, rapportés par un courrier de Montargis.

30 *janvier.* — M. de Maussion, maire de Coulommiers, fait parvenir à midi, à la mairie de Provins, une dépêche télégraphique allemande qui annonce que le chancelier de l'Empire, comte de Bismarck, et M. Jules Favre ont conclu à Versailles, le 28 janvier, un armistice de 3 semaines, sur terre et sur mer. La dépêche ajoute que l'armée parisienne reste prison-

nière dans la ville de Paris.

Le même messager est porteur d'une lettre pour le colonel Seuber, qui parcourt les communes de la vallée de la Seine; les mesures sont prises pour faire parvenir cette lettre à destination.

La nouvelle de la capitulation de Paris détermine à Provins une vive émotion. On attend avec anxiété les dépêches officielles françaises qui ne peuvent tarder longtemps encore. Plusieurs de nos concitoyens partent immédiatement pour la capitale.

Un détachement de 35 francs-tireurs de l'Aube arrive à Provins et procède au désarmement de plusieurs francs-tireurs qui refusent de quitter notre ville et de se joindre à eux. Pour se soustraire à ce désarmement, plusieurs réfractaires quittent Provins dans la journée et reparaissent le soir, après le départ de la petite colonne.

31 *janvier*. — Le journal l'*Aube*, qui s'imprime à Troyes, publie, avec une série de dépêches prussiennes annonçant l'armistice et la capitulation de Paris, la circulaire de la délégation de Bordeaux aux Préfets, datée du 29 janvier, et reproduisant la mémorable dépêche de Jules Favre.

Un armistice de 21 jours est conclu. Une assemblée est convoquée à Bordeaux pour le 15 février. Les élections auront lieu le 8 février.

Le doute n'est plus possible. La guerre est finie...

Cependant la colonne Wurtembergeoise commandée par le colonel Seuber, continue ses pérégrinations. Elle est le soir aux Ormes et à Everly, où elle recherche et brise les armes de la garde nationale.

Mois de février.

1er *février*. — La colonne Wurtembergeoise passe à Savins, puis à Maison-Rouge où elle réclame l'impôt. Le soir, on apprend, par le télégraphe, qu'elle arrive à Nangis, et que le commandant ennemi veut arrêter le commissaire de police de cette localité.

2 *février*. — Foire de la Chandeleur, à Provins. Il fait beau temps, et il est venu un peu de monde des villages voisins.

MM. dé Salvert et Guerreau, désignés par le conseil municipal, dans la séance d'hier, pour aller recueillir des nouvelles, font le voyage de Melun.

On affiche à Provins, un avis émané d'un comité

de Melun, et ayant pour but de convoquer une réunion des électeurs du canton, le samedi 4 février, sous la halle aux grains. Dans cette réunion, les électeurs nommeront les délégués cantonaux chargés d'assister à la réunion générale de Rozoy, dans laquelle sera arrêtée la liste des candidats à l'assemblée nationale.

Une première réunion préparatoire a lieu à huit heures, au salon d'Apollon, sous la présidence de M. Plessier, avoué. Très peu d'électeurs y assistent.

Un provinois, le sieur Berthier, sorti de Paris, arrive le soir à Provins, et donne les premiers détails sur l'état de la capitale.

3 février. — Le journal l'*Aube* contient un avis émané de l'autorité prussienne et qui fait craindre que l'armistice n'ait pas mis un terme à nos ennuis et aux rigueurs de l'ennemi dans les pays occupés.

« L'armistice, y est-il dit, ne change rien à l'administration civile. Les ordonnances, édits et décrets du gouvernement général à Reims, ainsi que les arrêtés, restent en vigueur; et les contributions et réquisitions imposées avant la signature de l'armistice, devront être payées dans les délais antérieurement fixés.

« Les communes qui seraient en retard de payements ou de fournitures, sont invitées à se libérer dans le plus bref délai, vu que l'armistice ne les préserverait pas des conséquences fâcheuses qui résulteraient de leur négligence. »

Le conseil municipal décide que pour les élections du 8 février, deux bureaux de vote seront installés à Provins : au tribunal pour les électeurs des communes, et à la mairie pour ceux de la ville.

Une réunion publique fort nombreuse a lieu le soir au salon d'Apollon. Le bureau était formé de MM. Plessier, président, Chamoin, Mayaud, Poulain aîné et Pécullier, assesseurs.

L'assemblée décide que le nombre des délégués cantonaux qui pourront être proposés le lendemain. à la réunion des électeurs du canton, sera de 12, et elle désigne, dans des votes successifs, MM. Plessier, Cordier, Chamoin, Poulain, Pécullier, Bonifas, Lamour, Morand, Augé, Poutrot (de la Bretonnière), Leboeuf et Percheron.

M. Bonifas, médecin à Chenoise et candidat à l'as-
semblée, lit sa circulaire et prononce ensuite un discours, interrompu par divers incidents.

L'assemblée se sépare à 10 heures 1[2.

4 février. — Très-fort marché à Provins.

On lit sur les murs une proclamation signée « Un électeur de l'arrondissement de Provins » et qui recommande la candidature de M. Bonifas, docteur-médecin, à Chenoise.

Vers deux heures, on affiche, sur la place du Val, la liste des gardes mobiles du Bataillon de **Provins**, tués, blessés ou disparus, depuis le 30 novembre 1870. La foule qui se presse autour de ce document glorieux et triste, manifeste une émotion touchante et communicative.

Grande réunion des électeurs du canton, à la halle aux grains, pour l'élection des délégués, chargés d'arrêter le lendemain 5, à Rozoy, la liste des candidats à l'assemblée nationale.

M. Le Bailly, maire de Provins, ouvre la séance et explique le but de la réunion. Il invite les électeurs à composer le bureau. M. Bonifas se propose pour la présidence de la réunion, et, s'emparant du fauteuil, soumet sa proposition au vote, et se proclame président. MM. Morand et Augé lui sont adjoints comme assesseurs.

L'assemblée décide qu'il sera nommé 7 délégués et que les candidats à ces fonctions désigneront la forme du gouvernement de leur choix. Sont nommés délégués : MM. Bonifas, Morand, Augé, Poutrot, Percheron, Pécullier, et Prenant (du Plessis-aux-Tournelles), tous républicains.

Voici les noms des délégués des autres **cantons :**
Bray : MM. Blanc, Givelet, Combe, Macquin, Dupont et Latxague.

Donnemarie : MM. Delettre, De Haut, Moulenq, Duront et Dumont.

Nangis : MM. Rousselle, Thiriet, Beau, Cornet et Moreau.

Villiers-Saint-Georges : MM. d'Harcourt, Chamcenest, Pigal, Guillaume et Lesage.

5 février. — Réunion des délégués cantonaux à Rozoy.

Cette réunion dans laquelle l'arrondissement de

Fontainebleau était très-incomplètement représenté,
comptait 102 votants, et était présidée par m. le maire
de Rozoy. Le président n'ayant pu obtenir le silence,
l'assemblée dut changer de local. Les candidats pré-
sents, entendus à tour de rôle, ont répondu aux ques-
tions qui leur ont été posées par les délégués.

Le vote a donné les résultats suivants :

Candidats désignés :

1. M. Horace de Choiseul, 100 voix.
2. M. Oscar Lafayette, 81
3. M. Jules de Lasteyrie, 80
4. M. Othenin d'Haussonville, 66
5. M. Jozon (de Meaux), 65
6. M. Voisin (de Melun), 61
7. M. Belin (de Brie), 46

Les candidats qui ont ensuite obtenu le plus de
voix sont : MM. Pepin Lehalleur, 43 voix ; m. Despommiers, 42 ; m. Vellaud, 41; m. Tricou, 31; m. de
Ségur, 24; m. Hennecard, 12; m. Bonifas, 6.

On connaît à Provins les deux mémorables décrets
rendus par m. Gambetta, le premier excluant de la
magistrature les juges qui ont fait partie des com-
missions mixtes ; le second, d'une gravité plus considérable encore, conçu dans les termes suivants :

« Ne pourront être élus représentants du peuple à
l'assemblée nationale les individus qui, depuis le 22
décembre 1851 jusqu'au 4 septembre 1870, ont accepté les fonctions de ministres, sénateurs, conseillers d'Etat et préfets. Sont également exclus de l'éli-
gibilité à l'assemblée, les individus qui, aux élections législatives qui ont eu lieu depuis le 2 décembre
1851 jusqu'au 4 septembre, ont accepté les candidatures officielles.... »

Ce décret, si ouvertement attentatoire à la liberté
des électeurs, a soulevé à Provins une légitime ré-
probation.

6 *février*. — Les délégués de Provins font paraître
la liste des candidats arrêtée à Rozoy, suivie d'une
autre liste qu'ils proposent aux électeurs et qui porte
les noms de MM. Jozon, Vellaud, Tricou, Despommiers, Voisin, de Choiseul et Belin.

Liste publiée par m. d'Haussonville : MM. de Choiseul, Lafayette, de Lasteyrie, d'Haussonville, Jozon,
Voisin et de Ségur.

Liste publiée par м. Menier : MM. Belin, de Choiseul, Menier, de Piolenc, de Lasteyrie, d'Haussonville et Voisin.

Autre liste encore : MM. Jozon, Vellaud, Tricou, Despommiers, Voisin, Plessier et Jouvencel.

On placarde à Provins divers documents relatifs aux élections et qui contiennent le décret d'indignité rendu par м. Gambetta. On sait seulement le soir que ce décret est cassé par le gouvernement.

7 février. — On lit sur les murs les professions de foi de MM. de Courcy et de Piolenc, lieutenant-colonel et chef de bataillon de la garde mobile de Seine-et-Marne, qui tous deux se portent candidats à l'assemblée nationale.

Le soir, réunion publique au salon d'Apollon, sous la présidence de м. Bonifas, de Chenoise. M. Percheron, délégué, lit un rapport grave et long sur la réunion de Rozoy. M. Chamoin, conseille l'abstention aux électeurs, dans une motion sans succès. M. Plessier, de la Ferté Gaucher, candidat à l'assemblée, fait sa profession de foi politique, dans un discours vivement applaudi.

8 février. — Les élections ont lieu avec le plus grand calme, par une pluie battante, qui empêche beaucoup d'électeurs des communes du canton, de venir prendre part au scrutin à Provins.

Un bureau de vote est établi à Chenoïse.

A Provins, les bureaux sont installés au tribunal, pour les électeurs des communes, et à la mairie, pour ceux de la ville.

Le dépouillement du scrutin commence le soir même.

Pour le canton de Provins, les élections ont donné les résultats suivants :

Electeurs inscrits, 3,669. — *Votants*, 2.209.

MM. Jozon, 1,802 voix ; Voisin, 1.780 ; Despommiers, 1,262 ; de Jouvencel, 1,174 ; Vellaud, 1,157 ; Tricou, 1,107 ; Plessier, 1,065 ; de Choiseul, 1,001 ; Lafayette, 928 ; de Lasteyrie, 875 ; d'Haussonville, 793 ; Belin, 497 ; de Ségur, 398 ; de Courcy, 226 ; Menier, 195 ; Gambetta, 152 ; et de Piolenc, 44.

Pour le département, le scrutin a donné les résultats qui suivent :

MM. de Choiseul, 33,892 ; de Lafayette, 32,816 ;

de Lasteyrie, 27,379 ; Voisin, 25,597 ; d'Haussonville, 23.927 ; Jozon, 22,452 ; Despommiers, 14,418 ; Belin, 14.220 et de Ségur, 13,901.

Les votes de l'armée et de la garde mobile n'ont pas modifié ces résultats pour les 6 premiers. Le septième représentant élu a été M. de Ségur, qui l'a ainsi emporté sur MM. Despommiers et Belin.

9 février. — M. Le Bailly, maire de Provins, porte à Melun le résultat du vote pour le canton. Il paraît que nous n'en avons pas fini avec les exigences de l'ennemi. Le comte de Furstenstein, préfet prussien, annonce que le département de Seine-et-Marne aura à payer 650,000 francs pour l'entretien de l'armée allemande, pendant la durée de l'armistice.

La part de Provins, dans ce nouvel impôt, est de 12,555 francs 34 c.

16 février. — Réunion du conseil municipal et des plus imposés, à l'effet de délibérer sur l'impôt réclamé par les Prussiens. L'assemblée décide que l'impôt sera payé, et qu'un appel sera fait aux habitants, pour le prêt à la ville, des sommes nécessaires, lesquelles seront remboursées, avec intérêt, au taux de 5 pour 100.

19 février. — Un numéro du *Journal officiel* arrivé à Provins, annonce la nomination de M. d'Hostel, comme juge d'instruction, en remplacement de M. Néel, décédé.

20 février. — Des employés du chemin de fer de l'Est, venus de Paris, arrivent à Provins, pour le rétablissement de la voie ferrée de Mulhouse.

21 février. — Sur une dénonciation criminelle et mensongère, adressée à l'ennemi, par le sieur Frisson, de Jouy-le-Châtel, les Wurtembergeois en garnison à Coulommiers viennent arrêter, en leur domicile, à Jouy, MM. Bernard, Mirot et Moritz, qui sont conduits à la prison de Coulommiers.

23 février. — Une colonne de cavaliers Wurtembergeois vient toucher à Provins la contribution de l'armistice. Les jours suivants, des détachements Wurtembergeois parcourent un grand nombre de communes voisines et perçoivent cette contribution.

24 février. — M. Salel, commissaire de police, mis en liberté à Coulommiers, rentre à Provins.

27 *février*. — On apprend par une dépêche télégraphique reçue de Bray, que les Prussiens, en garnison à Montereau, se livrent à de grandes démonstrations de joie. Les conditions de la paix, laborieusement discutées, seraient enfin définitivement arrêtées, pour être soumises à l'Assemblée nationale.

Mois de mars.

1er *mars*. — Les Wurtembergeois de Coulommiers perçoivent les contributions prussiennes dans notre arrondissement. Un détachement arrive à Nangis à cet effet.

2 *mars*. — Ce détachement vient à Provins et réclame la *Taille*. La *Taille* réclamée s'élève, pour le mois de décembre, à 27,000 fr., et pour le mois de janvier, à 38,000 fr. ; total 65,000 fr. En cas de refus, l'officier annonce qu'il emmènera M. le maire et les conseillers municipaux. Il faut donc s'exécuter, et malgré la paix, votée la veille, à Bordeaux, par l'assemblée nationale, une somme de 27,000 fr. formant le montant de la contribution pour le mois de décembre 1870, est versée dans l'escarcelle de l'ennemi.

Pendant qu'on comptait l'argent dans les salles de la mairie, les Wurtembergeois charmaient les ennuis de l'attente, sur la place du Val, par des chœurs très-harmonieux...

Un envoyé du général Du Temple arrive à Provins, porteur de citations à divers témoins de l'arrondissement et des arrondissements voisins, pour être entendus à Nevers, dans l'instruction suivie contre les francs-tireurs et leur commandant, le capitaine Sourd, accusés de vols et exactions à main armée.

3 *mars*. — Arrivée d'un nouveau détachement Wurtembergeois chargé, comme le précédent, du recouvrement de la *Taille*, dans les communes avoisinant Provins.

4 *mars*. — Vers 3 heures de l'après-midi, 7 cavaliers prussiens arrivent à l'hôtel-de-ville à la recherche des détachements qui perçoivent la contribution prussienne. La paix est définitive : les soldats ont pour mission d'arrêter la perception de cette contribution. Cette mesure suspensive n'était que provisoire (voir le 6 mars).

5 mars. — Le *Journal officiel* du 4, que des voyageurs, venant de Paris. apportent à Provins, contient le compte-rendu *in-extenso* de la mémorable séance du 1er mars, dans laquelle l'assemblée nationale a ratifié, à Bordeaux, les conditions de la paix.

Les Wurtembergeois qui percevaient l'impôt, passent à Provins, retournant à la Ferté-Gaucher.

Une réunion publique a lieu à 2 heures, au salon d'Apollon. Elle est présidée par M. Bonifas, qui en expose l'objet. Il s'agit d'adresser à l'Assemblée nationale une pétition demandant le prompt renouvellement, par l'élection, des conseils municipaux, des conseils d'arrondissement et des conseils généraux.

La discussion qui s'est ouverte ensuite a porté sur les deux points suivants : 1°. Les maires doivent-ils être nommés par le conseil municipal ou par les électeurs ? 2°. Les élections autres que les élections municipales, doivent-elles avoir lieu dans la commune ou au chef-lieu de canton ?

L'assemblée, qui était peu nombreuse, a décidé au vote : 1° que le maire devait être élu par les électeurs ; 2° que les élections autres que les élections municipales devaient avoir lieu au chef-lieu de canton.

6 mars. — M. le maire de Provins et M. Bourgeat, conseiller municipal, font le voyage de Coulommiers pour réclamer la restitution des 27.000 fr. versés aux Wurtembergeois le 2 mars. Loin d'obtenir cette restitution, MM. Le Bailly et Bourgeat reçoivent de M. de Maussion, maire, la lettre suivante, que ce magistrat était chargé de faire parvenir à Provins:

« Coulommiers, le 6 mars 1871.

« Monsieur le Maire,

« D'après une ordonnance du chancelier impérial, M. le comte de Bismarck, les impôts restants jusqu'à la fin du mois de février, ainsi que les amendes de 5 pour 100 pour le retard, sont encore à payer.

« Par conséquent, je vous engage, M. le maire, à verser dans le délai de 24 heures après le reçu de ceci, les montants à payer encore, en annonçant qu'en cas de non-payement après le terme indiqué, l'exécution militaire aura lieu.

« Agréez, etc.

« *Le Sous-Préfet,*
« PAULY VICHNON. »

C'est 158,000 fr. qui restent à payer par la ville.

8 *mars*. — Rentrée à Provins du bataillon de la garde mobile. La garde nationale s'était portée au devant de nos mobiles, sur la route de Chenoise. Ces derniers étaient loin d'être au complet. Les hommes des divers cantons composant le bataillon, avaient quitté la colonne principale et étaient rentrés séparément dans leurs communes.

A leur arrivée à Provins, les gardes mobiles trouvent plusieurs membres de la municipalité réunis à l'entrée de la ville ; M. Bourquelot, adjoint, leur adresse, avec les regrets du maire, obligé de s'absenter, l'expression des sentiments qu'excite leur retour, dans la population tout entière. L'accueil fait aux braves jeunes gens est des plus touchants.

Dans la matinée, une colonne de 5 à 600 gardes mobiles de l'Aube était arrivée à Provins où l'attendait également l'accueil cordial de nos concitoyens. Cette colonne prenait le lendemain la route de Nogent.

10 *mars*. — Passage à Provins d'une colonne de mobilisés de l'Aube.

Le soir, un officier bavarois, se présente à la mairie et demande un récépissé, pour une centaine de prisonniers français qu'il a laissés, logés chez l'habitant, à Jouy-le-Châtel.

11 *mars*. — Les prisonniers français, laissés à Jouy-le-Châtel, arrivent à Provins, à midi. Rien n'est plus lamentable que l'aspect de ces malheureux que les Prussiens ont gardés à Tournan, et qui ont souffert pendant un mois les plus dures privations.

Une souscription publique est faite en ville en faveur de ces prisonniers.

MM. Bernard, Mirot et Moritz, arrêtés le 25 février, sur la dénonciation du sieur Frisson, et gardés au secret le plus absolu, à Coulommiers, sont mis en liberté, grâce aux actives démarches de M. Julien et de M. Liégeois, curé de Jouy-le-Châtel.

12 *mars*. — Les gardes mobilisés, venant de Paris, rentrent à Provins vers midi. De Limoges et d'Issoudun, où ils avaient été désarmés, les mobilisés ont été dirigés sur Paris, sous la conduite de M.

Penancier, leur commandant. Là, malgré d'actives démarches, ils ne purent obtenir ni logements, ni vivres, ni frais de route, et c'est à leurs frais qu'ils durent faire le trajet de Paris à Provins, par Mormant.

Sous le coup des réclamations et des menaces de l'ennemi, le conseil municipal de Provins et les plus imposés se réunissent à l'hôtel-de-ville, et décident que la contribution prussienne sera payée. Un de nos concitoyens présente, dans cette réunion, de justes observations sur le mode très défectueux de répartition des billets de logements militaires.

13 *mars*. — On sait le soir, à Provins, qu'une convention conclue entre M. Jules Favre et M. de Bismarck dispense les communes de payer les contributions réclamées par les Prussiens, pour les deux derniers mois de 1870 et pour les deux premiers mois de 1871.

Le gouvernement français, reconnaissant en principe le droit de l'impôt, se substitue aux communes pour l'acquitter.

Les blessés de l'ambulance de Provins, entièrement guéris, quittent notre ville et sont renvoyés dans leurs foyers.

14 *mars*. — Le texte de la convention dont il est fait mention le 13, paraît dans le *Journal officiel*.

Un officier prussien vient à Provins, pour prendre des mesures relatives à l'installation d'une intendance prussienne en notre ville.

Déjà, toute la partie ouest de l'arrondissement est occupée par les troupes allemandes.

Cette occupation, pour le canton de Donnemarie, et pour partie des cantons de Bray et de Nangis, a commencé le 13 mars.

16 *mars*. — Plusieurs détachements d'infanterie et de cavalerie allemandes traversent la ville, et vont dans les communes voisines faire les préparatifs pour l'occupation qui doit commencer le lendemain.

17 *mars*. — Commencement de l'occupation prussienne. Pendant toute cette journée, de nombreuses troupes : cavalerie, infanterie, artillerie, corps de pontonniers, traversent Provins. Le quartier est oc-

cupé par d'innombrables voitures d'intendance et des fourgons de toute nature.

Plusieurs bataillons des 23e et 62e régiments de ligne sont logés chez l'habitant. Un avis publié par les soins de la mairie, fait connaître aux habitants qu'il n'est dû, aux troupes de passage, que le logement, le feu et la lumière. Toutefois, et par exception, les soldats du 23e régiment de ligne devront être nourris par l'habitant, dans la journée du 17.

Le quartier général est établi à la sous-préfecture où est descendu le général Von Hoffmann. Un poste est placé à l'hôtel-de-ville où est installée la *Commandantur*.

18 *mars*. — Passage de 5 bataillons d'infanterie qui vont occuper les localités voisines. Les nombreuses voitures du service des ambulances, quittent dans la soirée le quartier de cavalerie et prennent la route de Lagny.

Un soldat prussien vole une chaîne en or dans le magasin d'un orfèvre de Provins. A ce propos, une collision qui a failli avoir de graves conséquences, par suite de la brutalité des soldats allemands, se produit sur la place du tribunal et dans la rue du Val. Deux passants paisibles sont maltraités et conduits au poste par la garde. Le voleur est également mis en état d'arrestation, et l'on retrouve le soir, dans un jardin où il l'a jetée, la chaîne en or volée qui est remise à son propriétaire.

19 *mars*. — Les soldats du corps d'occupation assistent en foule à la messe, dite par l'aumônier catholique, dans l'église de Saint-Ayoul. L'office protestant est célébré par un pasteur, dans la salle d'audience du tribunal.

Arrivée de deux nouveaux bataillons d'infanterie qui sont logés chez l'habitant.

Des Provinois, revenus de Paris dans la soirée, rapportent la nouvelle qu'une sanglante émeute vient d'éclater dans la capitale, et que les deux généraux Thomas et Lecomte ont été assassinés par les insurgés.

Les gendarmes de la brigade de Provins rentrent le soir. L'arrivée de ces hommes armés détermine une grande rumeur chez les Prussiens qui les obligent à déposer leur carabine entre les mains du maire. **Le** sabre seul leur est laissé.

22 mars. — Les Prussiens fêtent avec solennité l'anniversaire de la naissance de l'Empereur d'Allemagne. Les musiques des régiments qui séjournent à Provins avaient préludé la veille par une grande retraite militaire. Le matin, à 6 heures, réveil en musique, grande revue par le général Hoffmann au champ de manœuvre, suivie d'une cérémonie religieuse en plein air et accompagnée de nombreuses salves d'artillerie.

Les cours du quartier de cavalerie sont décorées pour la circonstance d'arbustes et de guirlandes de feuillage. Le général Hoffmann donne aux officiers supérieurs un dîner de gala à la sous-préfecture; toutes les troupes sont en liesse; quelques maisons sont illuminées le soir, et les rues ainsi que les lieux publics, prudemment désertés par les habitants, se remplissent d'officiers et de soldats en état d'ivresse. Sur divers points de la ville se produisent quelques scènes de violences, heureusement sans conséquences graves. M. Charbaut notamment est battu chez lui.

Des troupes d'artillerie et d'infanterie arrivent dans la journée, logent chez les habitants, et partent le lendemain par les routes de la Champagne.

Le soir, on reçoit à la mairie, une dépêche sur les événements dont Paris est le théâtre.

23 mars. — Arrivée de nouvelles troupes allemandes, dont quelques-unes font séjour à Provins jusqu'au 26.

Un triste incident se produit dans la commune de Villiers-sur-Seine. Le sieur Blanchon, qui habite Athis, refuse de loger les militaires prussiens qui lui sont envoyés; il tire plusieurs coups de feu sur un officier et sur deux soldats. Les Prussiens incendient la maison du sieur Blanchon, et ce dernier, qui s'est réfugié dans sa cave, meurt asphyxié sous les décombres.

24, 26, 27 Mars. — De nouvelles troupes, infanterie, cavalerie et artillerie, passent à Provins, se dirigeant sur la Champagne.

Le général Hoffmann quitte notre ville; l'hôtel de la Sous-Préfecture devient libre et subit un nettoyage que les habitudes du général et de ses convives rendent extrêmement laborieux.

M. de Chambon, ancien conseiller général de l'Aube, est nommé préfet du département de Seine-et-Marne, en remplacement de M. H. Rousseau. M. Falret de Tuite, qui exerçait depuis quelques semaines les fonctions de préfet intérimaire, est nommé secrétaire général, en remplacement de M. Balandreau.

L'administration des contributions directes répand des avertissements pour le paiement des contributions en retard de 1870.

30 *Mars*. — Deux compagnies d'infanterie, venues de villages voisins, vont camper à Saint-Brice.

En présence des graves évènements qui s'accomplissent dans la capitale, le mouvement de retraite des troupes allemandes vers l'est va subir un temps d'arrêt. L'armée bavaroise qui devait quitter Melun et les environs, et passer par Provins, pour se retirer en Champagne, prolonge son séjour dans les environs de Paris.

Mois d'avril.

3 *avril*. — La nouvelle du combat important de Courbevoie et du succès des troupes de Versailles sur les communards, est connue à Provins par des communications télégraphiques française et allemande. Le télégraphe prussien est installé au bout de la rue aux Aulx, dans la maison de M. Guérard. Le bureau de poste allemand est établi place du Cloître Notre-Dame, dans la maison de M. Collot.

4 *avril*. — A 6 heures 1/2 du soir, la première locomotive fait son apparition sur le railway de Provins, et le lendemain, 5 avril, à 5 heures 45 du matin, part le premier train pour Paris.

L'interruption des circulations par la voie ferrée a duré 205 jours (du 11 septembre 1870 au 5 avril.)

L'inhumation du premier soldat allemand mort en ville, a lieu dans l'après-midi. La musique joue la belle marche funèbre de Chopin ; les hommes portent le cercueil sur leurs épaules et tous les soldats qui assistent au convoi sont sans armes.

5 *avril*. — On affiche sur les murs la proclamation de M. de Courcy aux sous-officiers et soldats de la mobile de Seine-et-Marne. M. de Courcy convoque à Melun « tous les hommes de cœur et d'ordre » pour combattre l'insurrection de Paris.

6 *avril*. — Cette ferme et patriotique proclamation est couverte dans la nuit, par une main inconnue, d'injures à l'adresse de son auteur et du gouvernement de M. Thiers.

7 *avril*. — Les Prussiens célèbrent, par une grande cérémonie religieuse, la solennité du Vendredi-Saint.

L'office catholique a lieu à l'église Saint-Ayoul, et l'office protestant au Tribunal.

8 *avril*. — Notre compatriote, M. le comte Bernard d'Harcourt, est nommé ambassadeur de France près le Saint-Siège, et M. H. de Choiseul, ministre de France à Florence.

Dans la nuit, un odieux appel des citoyens à la haine des uns contre les autres et à la révolte contre le gouvernement de M. Thiers, est placardé sur les murs. — La population, toujours calme et paisible, accueille avec mépris ces ténébreuses manœuvres.

On entend fortement le canon dans la direction de Paris.

On signale la réapparition du typhus des bêtes à cornes à Beauchery, à Villiers-Saint-Georges, à Fontains, etc. D'énergiques mesures sont prises pour combattre la contagion.

11 *avril*. — Dans une collision survenue à Rupéreux, entre des soldats allemands et M. Cucu, fermier, ce dernier ayant blessé un soldat à la main, d'un coup de revolver, est arrêté, amené à Provins, et reconduit à Rupéreux où il est gardé à vue, puis envoyé en captivité en Allemagne, d'où il ne revint qu'après un assez long temps.

Sur la plainte de l'entrepreneur des lits militaires, condamné chaque semaine à opérer des lessives invraisemblables, le commandant des troupes allemandes requiert en faveur des soldats logés au quartier de cavalerie, 1100 serviettes, que le conseil municipal vote sans empressement. En cas de refus, le commandant menaçait de faire loger ses hommes chez les habitants.

12 *avril*. — Les Prussiens se livrent aux exercices de la petite guerre, dans les environs de Provins.

19 *avril*. — Les musiciens des deux régiments d'infanterie donnent le soir un grand concert *payant* au salon d'Apollon. Les Prussiens s'étonnent que ce

concert, comme tous ceux qu'ils donnent en plein
vent, depuis leur arrivée, n'ait pas attiré un seul
provinois. La caisse des musiciens et leur amour-
propre en sont également affectés.

21 avril. — L'administration des Ponts-et-Chaussées fait construire à Bray un pont en sapin du Nord,
pour remplacer provisoirement l'arche en fonte dé-
truite. Les travaux vont être entrepris, et le pont sera livré le 12 août à la circulation.

23 avril. — Des soldats prussiens passent la Seine
à Jaulnes et viennent à Bray, où ils se présentent en
état d'ivresse dans un café de cette ville et demandent
qu'on leur serve à boire. Le limonadier refuse ; les
Allemands furieux dégainent et sortent dans la rue ;
les habitants indignés vont leur faire un mauvais
parti, quand la gendarmerie arrive, force les soldats
à rengaîner et les contraint non sans peine à repas-
ser le fleuve. Deux passants inoffensifs sont blessés
par les prussiens.

L'autorité allemande s'est livrée sur ce fait à une
enquête dont le résultat n'a pas été connu.

26 avril. — Les Prussiens se livrent à des exercices de petite guerre et simulent la prise de Provins.

29 avril. — Grande agitation électorale, à propos
du renouvellement des conseils municipaux qui aura lieu le lendemain 30 avril, dans toute la France.

MM. Ozeré, Bourgeat, Mézières, Bellanger, Bourquelot et Guerreau, ont déclaré, par la voie des journaux de Provins, qu'ils n'accepteraient plus les
fonctions municipales.

Un *groupe d'Electeurs* fait paraître une proclamation suivie d'une liste de 23 candidats, parmi lesquels
on ne retrouve que deux membres de l'ancien conseil : MM. Le Bailly et Charbaut.

Un grand nombre de listes paraissent dans la journée et sont distribuées aux électeurs.

30 avril. — Elections municipales.
Par suite de l'installation, à l'hôtel-de-ville, de la
commandantur allemande, les élections ont lieu au
palais de justice.

Malgré l'agitation qui semblait régner la veille,
dans le corps électoral, 1159 électeurs seulement ont
pris part au scrutin, sur 1769 inscrits. Nous aurons

plus d'une fois encore à déplorer ces trop nombreuses abstentions.

Voici les noms des conseillers élus à ce premier tour de scrutin : MM.

1. Le Bailly, 1047 voix ; 2. Lebeau, 759 ; 3. Charbaut, 713 ; 4. Gennerat, 671 ; 5. Poulain, 633 ; 6. Charpentier, 617 ; 7. Gallot, 608 ; 8. Chevalier, 588.

Les candidats qui ont obtenu ensuite le plus de voix sont, dans l'ordre des suffrages exprimés : MM. Michaud, Molleveaux, Charlot, Bourquelot, Cruel, Verrier, Prieur, de Salvert, Guerreau, Arnoul (A), Lebœuf, Plessier, Ozeré, Lange, Montillot, Mézières, Bellanger, Cordier, Augé, Chamoin, etc.

Mois de mai.

2 *mai*. — Un avis anonyme, placardé dans la journée, invite MM. Mézières, Bellanger, Bourquelot, Ozeré, Bourgeat et Guerreau à déclarer s'ils persistent à décliner toute candidature, et au cas de la négative, à expliquer leur changement de volonté. Les électeurs, ajoute l'avis, désirent être fixés.

3 *mai*. — Le général Malachouski fait une grande distribution de médailles militaires aux soldats allemands casernés à Provins.

4 *mai*. — Une collision entre les soldats du poste allemand installé à l'hôtel-de-ville et plusieurs jeunes gens de la ville se produit le soir, à l'occasion de quelques moqueries dont le poste a été l'objet. Plusieurs jeunes garçons sont battus et conduits au violon.

5 *mai*. — Une réunion publique électorale a lieu le soir, au salon d'Apollon, sous la présidence de M. le docteur Chevalier. Les circonstances terribles dans lesquelles se trouve le pays donnent à cette réunion un caractère tout à fait intéressant. Nous en raconterons un jour tous les détails, quand le moment sera venu de publier nos *Impressions et souvenirs*. Bornons-nous, dans ce petit calendrier, à rappeler les noms des électeurs et des candidats qui y prirent successivement la parole : MM. Chalanton, Salel, commissaire de police, Morand, le docteur Montillot, Pécullier, Augé, Chamoin, Lebœuf père et fils, Emile Lefèvre et Michaud.

Rappelons aussi que le docteur Montillot, dans un

langage énergique et convaincu, flétrit courageusement la Commune et ses partisans, et avec M. Michaud, repoussa le projet d'une adresse de conciliation entre Paris et Versailles.....

Le lendemain matin, le *groupe d'électeurs* publie ses listes, sur lesquelles il a rayé le nom de M. Montillot.

Nonobstant le grand nombre de suffrages qu'ils ont obtenus, MM. Bellanger, Bourgeat, Mézières et Ozeré, anciens conseillers municipaux, persistent dans leur refus d'accepter de nouveau les fonctions municipales.

MM. Bourquelot et Guerreau déclarent qu'ils accepteront ces fonctions, s'ils sont réélus.

7 mai. — Le 2ᵉ tour de scrutin pour l'élection de quinze conseillers municipaux a lieu au palais de justice. Malgré l'agitation causée par d'assez nombreux placards, le nombre des votants n'atteint pas celui du 1ᵉʳ tour; il n'est que de 1142.

Les conseillers élus sont : MM. Calixte Leclerc, 657 voix ; Plessier, 571 ; Michaud, 571 ; Molleveaux, 558; Bourquelot, 555 ; Cordier, 546; Augé, 537 ; Charlot, 533 ; Lebœuf, 532; Guerreau, 531 ; de Salvert, 530 ; Rondeau, 519 ; Prieur, 518; Camuset, 515 ; et Chamoin, 504.

Les Prussiens s'étant opposés à ce que les sapeurs-pompiers battissent le tambour en se rendant au lieu habituel de leurs exercices, ceux-ci ajournent leur réunion à des temps meilleurs.

Petite manifestation communarde à Montereau-faut-Yonne.

Dans la nuit, un grand nombre de jeunes maronniers des remparts sont coupés et cassés. On attribue à des soldats allemands en état d'ivresse cet acte de vandalisme.

9 mai. — Les membres du conseil municipal se réunissent à l'hôtel-de-ville, pour recevoir communication d'une lettre dans laquelle M. le Préfet demande que les conseillers désignent ceux de leurs collègues qu'ils désirent voir investis des fonctions de maire et d'adjoints.

Après discussion, les conseillers décident qu'ils feront la désignation qui est demandée, en ce qui concerne le maire, et au vote secret qui suit cette résolution, M. Le Bailly est désigné à la majorité de 17 voix sur 21 votants.

Le maire désignera lui-même ses adjoints à l'autorité supérieure.

10 *mai.* — Le général Tümpling, commandant le 6ᵉ corps prussien, vient inspecter les troupes cantonnées à Provins.

11 *mai.* — Un soldat allemand, aide-vétérinaire dans un régiment caserné à Provins, poursuit le soir, dans la rue du Minage, une femme honorable de la ville, qui est contrainte de se refugier dans la maison de M. Chollet, grènetier. Le soldat furieux tire son sabre et en frappe M. Chollet. Les gendarmes prussiens interviennent fort heureusement pour notre compatriote.

12 *mai.* — L'événement du jour est la distribution, par la poste, d'une brochure portant pour titre : *la Situation*, et imprimée sans nom d'auteur chez M. Lebeau, à Provins.

Dans ces pages curieuses où l'auteur a tout attaqué : la noblesse *étique*, la bourgeoisie *égoïste*, le paysan *obtus*, l'ouvrier *envieux, jaloux et dupe*, le « sacerdoce (?) » *sans patriotisme* ; — où la France entière est représentée comme *plongée dans l'idiotisme*, et où le pouvoir napoléonien est qualifié de *mal né*, de *sanguinaire*, de *corrupteur*, de *corrompu*, etc. le public a reconnu la plume facile et mordante d'un magistrat, originaire de Provins, que l'Empire combla de faveurs et à qui la sanglante insurrection de Paris a créé des loisirs forcés.

15 *mai.* — Un décret du Président de la République nomme aux fonctions de maire de Provins, M. Le Bailly, propriétaire, ancien maire.

Le même décret nomme aux fonctions d'adjoints : 1°. M. Lebeau, imprimeur-libraire ; 2°. M. Chevalier, docteur en médecine.

Les Prussiens qui occupent Provins reçoivent l'ordre de se tenir prêts au départ pour le lendemain.

16 et 17 *mai.* — Toutes les troupes allemandes occupant l'arrondissement et composant le 6ᵉ corps, sous les ordres du général Tümpling, quittent le pays, se dirigeant sur Paris.

Les soldats ignoraient la veille leur nouvelle destination ; ils croyaient prendre le chemin de la Champagne. Cette marche rétrograde sur **Paris**, ayant évidemment pour cause les graves évènements qui s'accomplissent dans la capitale, semble les remplir de consternation. Les officiers disent que la division du général Tümpling va remplacer dans les environs de Paris, un corps bavarois renvoyé en Allemagne.

17 mai. — Le tribunal correctionnel condamne en 4 mois d'emprisonnement, 50 fr. d'amende et aux dépens, le nommé Chateigneau, prévenu du délit d'ouverture d'un débit de boissons sans autorisation, à Nangis, et d'excitation de mineures à la débauche.

Pendant le séjour des Allemands à Nangis, Chateigneau avait établi une maison de prostitution clandestine, à l'usage des officiers prussiens.

Le bruit d'une formidable explosion retentit le soir, à 6 heures, jusque dans nos vallons. C'est la cartoucherie de l'avenue Rapp qui saute.

18 mai. — Très-forte gelée blanche.

En une matinée, les vignes, les noyers, tous les arbres fruitiers sont gelés, et les espérances d'une récolte qui, dans nos pays, s'annonçait d'une manière favorable, sont anéanties.

20 mai. — Aucune nouvelle officielle n'est venue de Versailles depuis le 14 mai, et une grande inquiétude domine tous les esprits. On affiche le soir une dépêche qui arrive à 8 heures, et qui annonce que le gouvernement touche enfin au but de ses efforts. Les membres de la Commune sont occupés à se sauver.

M. Henri Rochefort a été arrêté à Meaux.

21 mai. — Le curé des Batignolles, réfugié à Provins, dit la messe à Saint-Ayoul.

La procession des reliques de Saint-Ayoul a lieu à l'intérieur de l'église. Les malheurs du temps ont fait supprimer cette année toute manifestation extérieure, à l'occasion de la fête de Saint-Ayoul.

Le *Petit Moniteur universel* du 21 mai contient une spirituelle mention des faits et gestes de la *Ligue de l'Union Républicaine,* dont le secrétaire est un de nos compatriotes.

Cette mention railleuse est reproduite par la *Feuille de Provins,* dans son n° du 27 mai.

22 mai. — Une dépêche annonce que l'armée Versaillaise a pénétré dans Paris.

Le chef de gare de Provins a reçu l'ordre de ne

plus expédier à Paris ni voyageurs, ni marchandises.

25 *mai*. — On sait, par une dépêche, que le palais des Tuileries brûle.

26 *mai*. — Une dépêche télégraphique, adressée dans la matinée à M. le sous-Préfet, demande le concours des sapeurs-pompiers de Provins, pour aider à l'extinction des incendies allumés à Paris, par les insurgés de la Commune.

Le rappel est battu, et 16 pompiers, commandés par M. Argant, capitaine, prennent avec deux pompes le train de 1 heure 30, qui les conduit jusqu'à Nogent-sur-Marne. De là, ils se dirigent à pied sur Vincennes, où ils passent la nuit. Ils entrent le lendemain dans Paris, et les 2 pompes fonctionnent avec 12 hommes à la Préfecture de police ; les autres hommes de la compagnie sont envoyés à l'Institut et à la Croix Rousse.

Nos braves pompiers étaient de retour à Provins le 28 au soir.

Voici les noms des 17 hommes qui ont pris part à cette expédition : MM. Argant, capitaine ; Saussier, sous-lieutenant ; Daniel, adjudant ; Desbouy, Dreux, Porcheret, Chouard, sergents ; Ditsch, Saussier, caporaux ; Ducreux, clairon ; Agron, Jorré, Blondelot, Corbière, Bourdeaux, Mille et Gausson, sapeurs.

Quinze détenus de la maison centrale de Melun arrivent, menottes aux mains, à Provins, sous escorte de gendarmes, et sont enfermés à la maison d'arrêt.

27 *mai*. — De nombreuses troupes prussiennes passent dans le nord de l'arrondissement, se dirigeant sur Sézanne. Jouy-le-Châtel est notamment occupé par 1500 hommes.

Une avant-garde de cuirassiers blancs traverse Provins et prend la route de Villiers-St-Georges.

A 7 heures 1/2, installation du conseil municipal de Provins. M. Le Bailly, maire, préside la séance, exclusivement consacrée aux formalités d'installation, et lit un discours dans lequel il exprime le vœu que l'union qui existait entre l'ancien conseil et l'administration, continue de régner dans la nouvelle assemblée.

Le conseil de Préfecture ayant décidé, le 26 mai, que M. Plessier, parent de M. Lebeau, ne pouvait siéger avec lui au conseil municipal, l'honorable avoué n'assiste point à la séance d'installation.

28 mai. — Il est donné lecture dans les églises du mandement de Mgr l'Evêque de Meaux qui, en exécution du décret de l'Assemblée nationale, prescrit que des prières publiques seront faites dans tout le diocèse.

Ces prières ont lieu à l'issue de la grand'messe. Le psaume *Levavi oculos meos* est chanté, ainsi que le psaume *De Profundis*, pour les victimes de la guerre.

Les pompes de Mesgrigny, de Romilly et de Nogent passent à Longueville, par le train du soir, avec des pompiers de bonne volonté, se dirigeant sur Paris.

30 mai. — Arrivée des premiers soldats précédant le corps de troupes qui va de nouveau occuper Provins et les environs. Le conseil municipal se réunit à 9 heures, pour constituer une commission des logements militaires.

31 mai. — Commencement de la seconde période de l'occupation allemande. Plusieurs bataillons des 23e et 63e régiment d'infanterie, arrivent à Provins. Des batteries d'artillerie traversent la ville et vont reprendre dans les villages voisins, leurs anciens cantonnements.

L'officier général qui commande ces troupes installe son quartier dans une maison inhabitée de la rue Christophe Opoix. Les autres officiers reprennent pour la plupart les logements qu'ils avaient en ville.

Mois de juin.

1er *juin.* — Quatre bataillons du 23e régiment d'infanterie prussienne quittent Provins, se dirigeant sur la Marne, par les routes de Sézanne et de Villenauxe-la-Grande.

2 *juin.* — Une dépêche télégraphique annonce que les départs pour Paris, par le chemin de fer, auront lieu à partir du 3 juin.

3 *juin.* — Un convoi de 200 bœufs traverse Provins, se dirigeant sur Paris.

4 *juin.* — Passage d'un bataillon du 63e régiment d'infanterie allemande, venant de Donnemarie.

6 *juin.* — Une centaine de soldats allemands, sans

armes, arrivent à Provins, par le chemin de fer. Ils
en repartent le lendemain, dans de grands chariots.
Ce sont des hommes de la landwher que l'on renvoie
en Allemagne.

A 8 heures du soir, des Prussiens amènent de Chalmaison et d'Everly plusieurs jeunes gens qui ont eu
dimanche une querelle avec les soldats allemands.
Après un interrogatoire sommaire qu'ils subissent au
poste de l'hôtel-de-ville, ces jeunes gens sont mis
en prison au quartier.

8 *juin*. — Les Prussiens célèbrent en grande affluence la solennité de la Fête-Dieu.

9 *juin*. — Arrestation, à Saint-Hilliers, où il s'é-
tait refugié, du sieur W...., prévenu de participa-
tion dans l'insurrection de Paris, où il était commandant de la garde nationale.

Après quelques jours de détention à Provins, le
sieur W.... est dirigé sur Paris.

12 *juin*. — Départ de plusieurs bataillons du 63e
régiment d'infanterie allemande et d'un régiment
d'artillerie. Des chasseurs verts, qui ont évacué le
matin la partie ouest de notre arrondissement, où
ils étaient cantonnés, arrivent à Provins dans la journée.

Les troupes qui ont quitté la ville ce matin, ont
emmené avec elles deux des jeunes gens de Chalmaison et d'Everly, arrêtés le 6 juin. Ces jeunes gens
ont suivi l'armée allemande, dans son mouvement
d'évacuation, et n'ont été rendus que plus tard à la
liberté.

14 *juin*. — Départ des chasseurs verts arrivés le
12 juin. Le 23e régiment d'infanterie prussienne
quitte également Provins, ainsi qu'un régiment de
dragons, une batterie d'artillerie, les aumôniers militaires et plusieurs officiers supérieurs.

Plusieurs bataillons du 62e régiment d'infanterie
arrivent à Provins, venant des localités voisines,
pour repartir le lendemain.

15 *juin*. — Les dernières troupes allemandes
quittent Provins dans la matinée. La fin de l'occupation étrangère cause à Provins une satisfaction
unanime.

Le soir, l'arrondissement de Provins est entièrement évacué.

Devant le conseil de guerre siégeant à Moulins, sous la présidence de M. le général de brigade de Curten, comparaissent, le 15 juin, le s^r Sourd, commandant des Eclaireurs de l'Aube, et son lieutenant, le sieur Bruyant.

Après trois jours d'audience, pendant lesquels de nombreux témoignages sont recueillis, le commandant Sourd, éloquemment défendu par Me Burin-Desrosiers, est condamné en trois années d'emprisonnement. Le lieutenant Bruyant, défendu par Me Giroux, est acquitté.

D'après le *Républicain de l'Allier*, le président du conseil a rappelé que l'on avait fusillé pendant la guerre des individus trafiquant avec l'ennemi, moins coupables que plusieurs témoins entendus dans cette affaire, et contre lesquels n'a pas même eu lieu un commencement d'instruction.

Quant au commandant Sourd, il a été gracié peu de temps après.

17 *juin.* — De nouvelles élections devant avoir lieu le 18 juin, pour le remplacement au conseil municipal de M. Plessier, dont l'élection a été annulée, et de M. Charbaut, démissionnaire, une proclamation, émanant d'un groupe républicain est affichée le matin. Elle désigne, comme candidats, MM. Pécullier, avoué, et Percheron, huissier.

De son côté, le cercle du commerce désigne MM. Lefrançois, avoué, et Verrier, vétérinaire.

Dans la journée circulent quatre nouvelles listes portant les noms de MM. Pécullier et Percheron, combinés avec ceux de MM. Deroy, Delamarre, Lesage-Nisolle et Bellanger (Jules). Ces quatre honorables citoyens protestent le soir même contre cette manœuvre, désavouent les listes et déclinent toute candidature.

18 *juin.* — Les élections ne donnent pas de résultats, vu le nombre considérable des abstentions ; il faudra recourir à un 2e tour de scrutin.

Sur 1766 électeurs, 887 seulement prennent part au vote : majorité nécessaire : 445 voix.

M. Pécullier a obtenu 428 voix ; M. Percheron, 388 ; M. Lefrançois, 324 ; M. Verrier, 305 ; M. Longuet, 69.

22 juin. — M. Longuet, cultivateur à Fontaine-Riante, publie une circulaire aux électeurs, dans laquelle il déclare maintenir sa candidature. M. Longuet aspire à remplacer au conseil l'honorable M. Cruel qui y représentait, depuis 22 ans, le hameau de Fontaine-Riante.

MM. Pécullier et Percheron publient également leur profession de foi. Une proclamation, émanant du *groupe d'Electeurs*, recommande leurs candidatures. Une autre circulaire, signée d'une *Réunion d'Electeurs Républicains libéraux*, patronne celles de MM. Lefrançois et Verrier.

Dans la journée du 23, les murs de la ville se tapissent d'affiches électorales de toutes nuances.

24 juin. — Peu de monde à la foire de St-Jean, qui n'a cette année qu'une faible importance.

Le *Cercle du Commerce* fait paraître, dans la matinée, une circulaire dans laquelle il recommande les candidatures de MM. Lefrançois et Verrier.

Un passage de cette circulaire, relatif à la suppression du nom de M. Montillot, sur la liste publiée par le *groupe d'Electeurs*, le 6 mai, donne lieu à une réponse du *groupe*, expliquant cette suppression...

Dans la soirée, on distribue une circulaire fort spirituelle, très-bien écrite, intitulée : *Electeurs veillez !* et signée : *Un électeur républicain. (Rien du groupe.)*

Le *groupe* ne répond plus.

Enfin, M. Lefrançois publie sa profession de foi, et M. Verrier, un avis par lequel il déclare qu'il renoncera au traitement qu'il reçoit de la ville, s'il est élu.

Le soir, le champ de foire reste morne ; la jeunesse provinoise s'abstient de prendre part à la danse et aux autres divertissements publics.

25 juin. — Elections municipales.

En dépit de l'agitation causée par les circulaires publiées la veille, le dépouillement du scrutin fait constater un nombre considérable d'abstentions.

1005 électeurs seulement ont pris part au vote. Le scrutin a donné les résultats suivants :

M. Pécullier, 492 voix ; M. Percheron, 461 ; M. Verrier, 458 ; M. Lefrançois, 448 ; M. Longuet, 68.

MM. Pécullier et Percheron sont élus conseillers municipaux.

27 *juin*. — Ouverture de la souscription pour l'Emprunt national de deux milliards.

Dans l'arrondissement de Provins, cette souscription a donné les résultats suivants :

Nombre de souscripteurs : 2,987, dont 1,887 à la Recette des finances, et 1100 chez les percepteurs.

Rentes souscrites : 159,220 fr. dont 107,265 fr. à la Recette des finances et 51,955 chez les percepteurs.

Capital souscrit : 2,627,130 fr. — Argent versé comptant : à la Recette, 670,192 fr. 12 ; chez les percepteurs, 480,336 fr. 17 ; au total, 1,150,528 fr. 90.

Une dépêche télégraphique arrivée dans la nuit, annonce que l'emprunt est couvert et la souscription close.

28 *juin*. — Mgr l'évêque de Meaux donne la confirmation dans l'église Sainte-Croix. C'est la première fois que depuis son retour du Concile, le vénérable prélat revient en sa ville natale.

Mois de juillet.

1ᵉʳ *juillet*. — La *Feuille de Provins* publie une mordante lettre de M. le docteur Montillot, en réponse à une circulaire électorale émanée du *groupe*, le 24 juin dernier.

3 *juillet*. — Réunion, à 2 heures, à l'hôtel-de-ville de Provins, de la commission cantonale instituée par le gouvernement, pour examiner et contrôler les réclamations des communes, en ce qui concerne les contributions de guerre et autres dépenses résultant de l'occupation allemande.

A cette réunion assistaient : M. Michaud, membre du conseil général; MM. Bourgeat et Delondre, conseillers d'arrondissement ; M. V. Arnoul, président de la chambre d'agriculture ; M. de Neuilly, juge de paix ; M. Renon, percepteur ; et MM. les maires des 14 communes du canton.

M. Michaud a été nommé président de la commission; M. Delondre, secrétaire.

Voici quelques chiffres résultant du travail auquel s'est livrée la commission.

Pour le canton de Provins, le montant total des réquisitions, contributions de guerre, etc., est de 268,402 fr. 64. La part de Provins entre, dans ce chiffre, pour 152,173 fr.

Les frais d'occupation allemande, calculés à raison de 20 centimes par homme et 20 centimes par cheval, se montent pour le canton à 84,582 fr. et pour Provins seulement, à 33,000 f. Ces frais sont, bien entendu, compris dans les deux sommes indiquées en l'alinéa qui précède.

Les réquisitions en nature, estimées en argent, ont atteint pour le canton la somme de 52,231 fr. 29.

4 juillet. — Dans la séance du conseil municipal qui a lieu, le soir, M. Le Bailly, maire, lit un extrait du testament de M. Victor Garnier, aux termes duquel notre honorable concitoyen se propose de léguer à son pays natal une rente annuelle de 1,000 fr. qui sera inscrite sur le grand livre de la dette publique, au nom de la ville.

Cette rente serait consacrée à récompenser chaque année les 8 ou 10 élèves les plus méritants des deux *écoles laïques, spéciales et communales* de Provins, garçons et filles.

Le conseil municipal accueille par des remerciements, les généreuses intentions de M. Garnier.

M. le maire expose ensuite que le seul moyen, pour la ville, de répondre aux exigences de la situation financière, créée par les derniers évènements, serait de recourir à un emprunt partiel, en attendant l'emprunt général qu'il faudra contracter. Le conseil ajourne à statuer à cet égard.

Dans la même séance, le conseil s'est occupé de quelques soustractions de bois commises au quartier pendant l'occupation allemande. Cette affaire n'a point eu de suites.

A partir du 4 juillet, la télégraphie privée, longtemps interrompue, est rétablie avec Paris.

5 juillet. — Les obsèques de Mme Félix Bourquelot, décédée à Paris, le 26 décembre 1870, ont lieu dans la matinée, à l'église Saint-Quiriace. Les restes de Mme Bourquelot sont déposés ensuite, près de ceux de son mari, sous le monument funèbre élevé à la mémoire de l'historien provinois.

Une première réunion a lieu le soir, pour la fondation d'un orphéon, sous la direction de M. Nicolas, instituteur.

9 juillet. — Première apparition, dans nos rues, des petits chanteurs italiens. A Melun, l'autorité a interdit le passage et le séjour de ces mendiants de toute nation qui, la guerre finie, commencent à nous revenir.

13 *juillet*. — La cour d'assises de Seine-et-Marne juge l'affaire des troubles survenus à Montereau le 7 mai. Les 7 auteurs de la petite émeute sont condamnés à des peines qui varient entre 3 mois et 5 ans d'emprisonnement.

14 *juillet*. — On annonce l'apparition d'une nouvelle brochure de M. Bavoux, intitulée : *Une solution*. La solution que propose l'ancien conseiller d'Etat de l'Empire est renfermée dans cette question : Le *plébiscite* n'est-il pas la forme la plus propre à fixer nos destinées ?

Le parti bonapartiste, oubliant que la légende Napoléonienne est bien morte à Sédan, ne cessera plus d'en appeler au suffrage universel qui, par trois fois, a si favorablement répondu à l'Empereur tombé.

16 *juillet*. — La musique de la ville se fait entendre pour la première fois, depuis la guerre, sous les beaux ombrages des remparts.

29 *juillet*. — Le comité de l'ambulance de Provins se réunit à l'hôtel-de-ville, sous la présidence de M. Cabarrus, sous-préfet, pour entendre l'exposé de la situation financière et déterminer l'emploi des sommes disponibles et des objets laissés à l'ambulance.

Les dépenses de l'ambulance se sont élevées à 2,951 fr. 50.

Le comité décide que le reste en caisse s'élevant à 9,745 fr. 95 sera versé à la caisse départementale des souscriptions ouvertes en faveur des blessés et des victimes de la guerre.

Le linge et les divers objets seront distribués aux établissements de bienfaisance de la ville.

Des remerciements sont votés à Sœur Rosalie et à Sœur Prudence, religieuses Célestines, pour le dévouement avec lequel elles se sont consacrées au service de l'ambulance.

30 *juillet*. — Les gardes nationaux de Provins se réunissent au quartier de cavalerie, pour arrêter l'emploi d'une somme de 154 francs, remise par l'administration des Revenus Indirects, et composant la

part attribuée à la garde nationale, pour les prises opérées les 28 octobre et 1er novembre 1870, ainsi que d'un reliquat de 35 francs provenant d'une quête faite pour l'acquisition de manteaux.

Il est décidé que ces deux sommes composeront le premier fonds d'une Société de secours-mutuels à établir à Provins.

Une escouade de uhlans bavarois arrive à Provins dans la journée. Elle explore les pays environnants et quitte Provins le 1er août, se dirigeant sur la Champagne.

Ce sont les derniers Prussiens en armes qui aient foulé le pavé de Provins.

Nous avons terminé l'humble tâche que nous nous étions imposée.

Comme en 1814 et en 1815, Provins a été relativement épargné dans les calamités de la guerre et de l'invasion. Il n'a ressenti que le contre-coup affaibli des malheurs qui ont pesé sur la France, pendant l'année terrible dont nous venons d'achever le cours.

Et cependant, il paraîtrait regrettable que la vie de la petite cité, pendant ces temps sombres, fût entièrement perdue pour l'histoire locale. Les journaux hebdomadaires ne reflètent qu'imparfaitement les évènements dont nous avons été témoins et les impressions qu'elles ont fait naître. C'est pourquoi la chronique de Provins, en 1870 et 1871, nous a tenté. Nous avons entrepris de l'écrire et en attendant que cette œuvre s'achève, nous avons résumé la plupart des faits qu'elle comprendra, dans le calendrier qu'on vient de lire et que l'éditeur veut bien réunir en brochure. — Il ne nous reste plus en finissant qu'à remercier nos lecteurs de l'indulgence avec laquelle ils ont accueilli nôtre petit travail.

PROVINS. — IMPRIMERIE LE HÉRICHÉ.

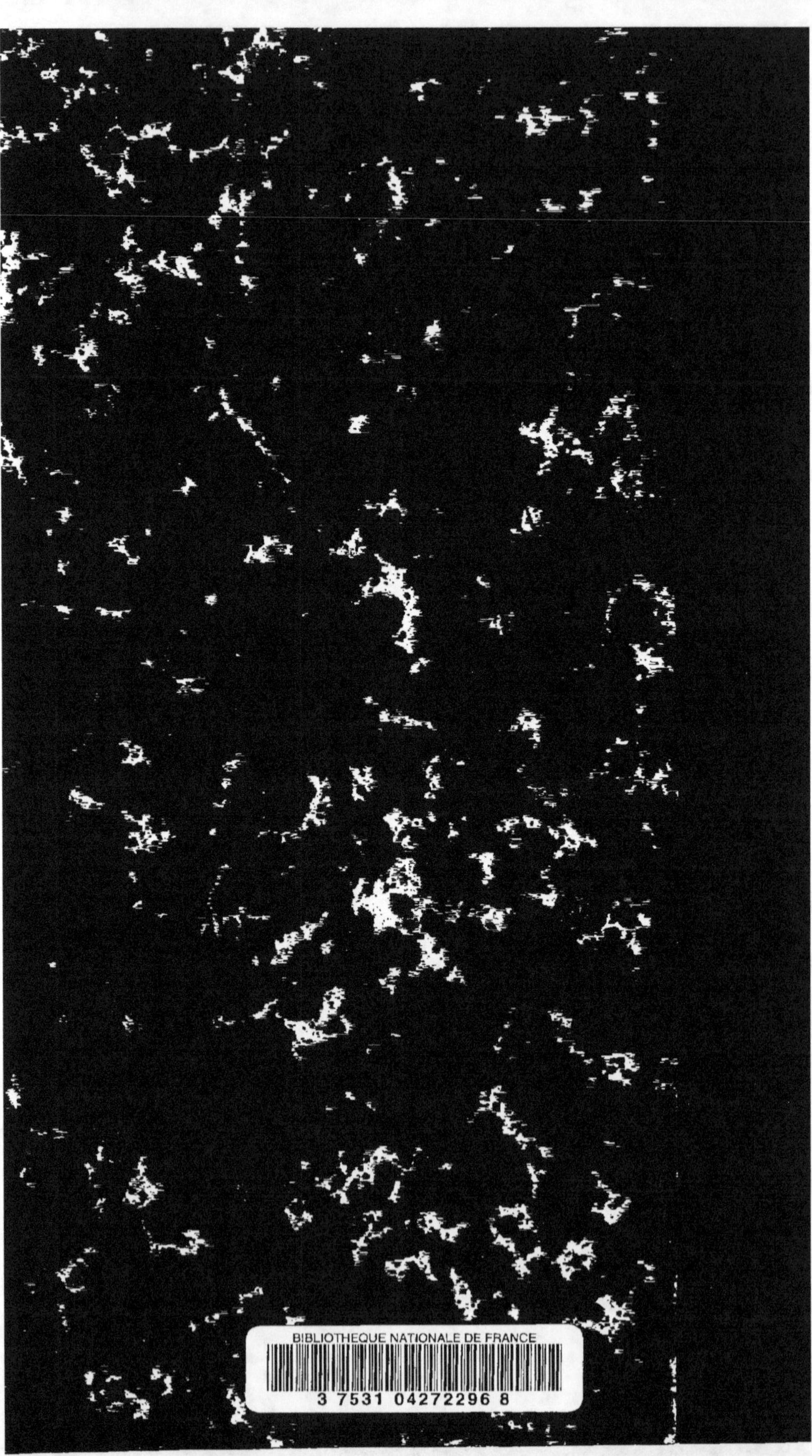